カード式
図解キャリアデザイン

梶原宣俊

学文社

はじめに

　時代は今，大きな音をたてて変化している。1992年のバブル経済の崩壊，そして2008年のリーマンショックによって日本経済は戦後最大といわれる「平成大不況」から抜け出せずに苦悩している。その結果として失業率が上がり，求人が減少し，就職戦線は相変わらず「超氷河期」と呼ばれ，雇用不安が広がっている。フリーター・ニート・ひきこもりが増加し，ワーキングプアと呼ばれる人々が増え，日本は格差社会，貧困社会となり，セーフティネットのあり方が問われている。

　世界的に，国際化（グローバル化）・情報化・個性化・技術革新化が進行し，産業構造の変化は「高度情報知識社会」へと大きく転換してきた。その過程で，日本的経営の4大神話（終身雇用・年功序列・企業内教育・企業内組合）が崩壊し，経済成長・右肩上がり神話も崩壊した。これに人口減少が拍車をかけ，経済縮小・高齢社会への道を余儀なくされている。

　企業は生き残り戦略として，能力・実績主義による新人事制度を導入し，組織のリストラクチャリングによる，スリム化・省力化・効率化をすすめてきた。労働時間の短縮化やワークシェアリング等も導入され，雇用・就業形態の多様化（契約・嘱託・派遣・パート・SOHO・起業・コミュニティビジネス）も進行した。一方，働く側も価値観・生き方・ライフスタイルが多様化しつつある。

　国家財政も膨大な借金を抱え，破綻寸前であり，国民生活を守る健康保険や年金までも危機的状況にある。生活費のコストダウン，節約化が定着し，安売り競争が激化し，デフレが心配されている。戦後日本の政治・経済・社会・教育・文化のあり方が根底から変革を迫られているといえよう。しかし，時代が根底から大きく変化しているにもかかわらず，人間の意識が変化に対応できていないというのが現代社会の実相ではなかろうか。

　「キャリア教育」は，まさに，その時代の変化を象徴し，新しい時代に対応できる人材育成をめざしてここ10数年で急速に普及してきた「**新しい教育理念**」である。

　しかしながら，現実に行われている「キャリア教育」の実態は，進路指導や就職支援に偏っており，時代の変化の本質を洞察した主体的で創造的な「キャリア教育」になっていないように思われる。「キャリア教育」は，「教育改革」や「社会改革」「人間の意識改革」を包含しているのであり，それにふさわしい「教育内容と方法」が求められている。一人ひとりが時代の変化を直視し，組織や行政のみに頼らずに，どう生き，どう働いていくの

かを考えさせるのがキャリア教育の本質であり，今日ほどキャリア教育や「生涯キャリア形成」が強く求められている時代はないだろう。

筆者は，戦後に生まれ戦後日本が貧困から高度経済成長へと変貌する過程で，成人となり仕事を続けてきた。学生時代に川喜田二郎先生とKJ法に出会い，大学紛争を経験し，新しい大学改革の実験であった「移動大学運動」に熱中し，やがてYMCAでKJ法を中心とする企業内教育研修をやり，専修学校制度スタートとともに専門学校教育をやり，キャリアカウンセラー・コンサルタントの資格を取得して就職支援をやってきた。

企業内教育や専門学校教育では，新しい人材像を「T型人間（専門多能型）」としてイメージ化し，能力開発や生涯設計，キャリア形成の必要性を訴えて，教育研修に力を入れてきた。

定年退職後は，国際キャリア研究所を設立し，再就職支援や高校の進路講演や，大学の非常勤講師としてオリジナルテキストを作成し「キャリア教育」を実践してきた。

2008年からは，日本教育大学院大学（教員養成専門職大学院）常務理事・事務局長として大学運営に関わりながら，特別授業として「社会人基礎とキャリア教育」を実践してきた。その過程で，テキスト教材の改訂を繰り返してきた。また，2009年から法政大学大学院経営学研究科キャリアデザイン学専攻・修士課程で学び，これまでの実践経験の理論化をすすめてきた。本書は，これまでの実践と理論の一応の集大成である。

全体を15章に分け，半期15回用のテキストとして利用できるよう編集した。通年30回の場合は，各章を2回でじっくり進めることが可能である。「カード式キャリアデザイン法」は，筆者が7年間かけて開発実践してきた方法で，一人ひとりが主体的に考え，納得して職業目標を決める方法である。すでに，ある大学でテキストとして採用していただいている。かなり個性的なテキストではあるが，「教育改革の理念に基づく，学生個人の主体性を尊重し，キャリア形成と就職支援を統合した実践的なテキスト」として，少しでもお役に立てれば幸いである。

2011年4月30日

目　次

はじめに　1

第1章　オリエンテーション　―すべての人にキャリアがある―　5
1. キャリアデザインとは何か　5
2. 「キャリアデザイン」がめざす能力育成目標　6
3. キャリアデザイン授業の構造と図解思考法　9
4. カード式情報リテラシー授業法　11
5. 自己紹介スピーチ　12

第2章　学ぶとは何か　―学びのパラダイム変換「学びは本能である」―　17
1. 学びの原点と本質――知行合一　17
2. 学び方の知識と技術――生涯学習力と生涯キャリア形成力と自己教育（学習）力　18
3. 事例：私の生涯学習史と生涯キャリア形成史　20
4. 自分の学習スタイルの分析・討議　25

第3章　キャリア・リテラシー　―社会人基礎力は当たり前の能力―　27
1. 社会人基礎力の内容　27
2. チェックシートによる自己分析　28
3. 社会人とは何か――グループワーク　30
4. 職業・勤労・仕事の基本　31

第4章　アクション（行動力訓練）　―知ることと行うことはひとつである―　33
1. 実学の思想――陽明学とプラグマティズム　33
2. 経験から学ぶ方法――インターンシップの心構え　37
3. 実行力不全――なぜ知識を行動に活かせないのか　38
4. 腹式呼吸法・発声練習・挨拶・マナー訓練　40

第5章　シンキング（思考力訓練）　―考えることは読む・聴く・書く・話すこと―　42
1. 「読む・聴く・考える・話す・書く」能力の関係構造　42
2. 脳と記憶と思考と表現　43
3. 「PISA型読解力」を育成する「読解図解法」　45
4. 読解図解法の演習　46

第6章　チームワーク（集団力）　―リーダーシップ・人間関係力・協働力が大事―　52
1. グループの意思決定演習：リーダーシップとフォロワーシップ　52
2. コミュニケーション力・傾聴力：ロールプレイとグループワーク　53
3. 相互理解：人の気持ちを理解するためのポイント　57

第7章　自己理解と他者理解　―自分のことは自分が一番わからない―　59
1. ジョハリの窓――傾聴と自己開示　59
2. 人間関係力――TA（交流分析）による自己理解と他者理解　60
3. 長所と短所の自己分析　66

第8章　キャリア形成・就職活動の基本構造とプロセス　―就職は人生の一大イベント―― 70
1．職業キャリア選択の6つのステップ　70
2．キャリア形成と就職の心構え　71
3．カード式キャリアデザイン法の進め方　71

第9章　自分自身を知る：自己キャリア分析【ステップ1】
―自分の好きなことを発見し，育て，仕事にする― 73
1．アイデンティティ・キャリア発見シート作成　73
2．自分史・自己キャリア分析図解　75
3．自己PR文の作成・発表　75

第10章　現実社会を知る：時代・企業・雇用環境分析【ステップ2】
―時代の変化に意識の変化がついていかない― 77
1．時代の変化・企業の変化を読む――日本的経営の終焉　77
2．ミスマッチの現実――就職活動の早期化・長期化と早期離職　84
3．地域・郷土の歴史と未来――地域に生きる　86
4．シティズンシップとシティズン・リテラシー　87

第11章　適職・天職を知る：就職目標決定【ステップ3】
―適職・天職は誰にでもある― 93
1．適職・天職意思決定シートの作成　93
2．意思決定・決断力　95
3．個別支援　95

第12章　キャリア開発・就職活動計画・実行【ステップ4】
―計画と偶然がキャリアを形成する― 96
1．キャリア開発・就職活動計画の作成　96
2．積極的な心構えの力学と消極的な心構えの力学　97
3．夢・目標を実現する方法――ダイナミック3V方式　97
4．偶然を活用する能力――柔軟性とチャレンジ精神　100

第13章　キャリア形成から進路・就職支援へ―就職活動の実践的ノウハウ― 102
1．就職先を決める活動ステップと就職先企業情報の集め方　102
2．就職活動のノウハウ・テクニック　103
3．究極の最強就職術――就職必勝5訓と就職活動いろはカルタ　108

第14章　まとめ講義 112
1．3C教育（学習）の時代　112
2．独立起業の心構えと準備――NPO・コミュニティビジネス・社会起業家　113
3．学びのプロセス（授業感想）図解の作成　115

第15章　口頭発表とレポート 117
〈最終提出物〉①自己PR文　②適職・天職探索シート　③キャリア開発・就職活動計画表
④授業感想図解・レポート　117

おわりに　119
索　引　121

第1章

オリエンテーション
―すべての人にキャリアがある―

1．キャリアデザインとは何か

　現在，日本の若い方々は，現代の不透明な社会で，就職をはじめさまざまなことに不安を感じておられることと思います。不安は，ある意味で「無知」からきていることもあります。この「キャリアデザイン」を通して，「自分を知り・他人を知り・社会（企業）を知る」ことによって，多少不安が減少するはずです。「キャリア」とは，自分がこれまで生きてきた軌跡のことで，学習や遊び，クラブ，バイト，趣味などのすべてを含みます。そして，これからは，「仕事・職業」が重要なキャリアの中心となっていきます。「キャリアデザイン」とは，したがって「仕事・職業を中心とする人生構想計画」のことをいいます。大久保幸夫は，キャリアとは，「職務経歴と自己イメージの統合であり，生涯続く人生そのものである」と述べていますが，皆さんの場合は，これまで生きてきたすべての経験がキャリアであり，職務経験がなくてもすべての人にキャリアがあるのです[1]。そのキャリア（人生）を振り返り，自己理解を深めながら，現実社会を理解し，どのような仕事をしながら人生設計していくかを考え，決断していくのが「キャリアデザイン」なのです。

　現在，経済不況のなかで厳しい就職状況になっていますが，だからこそ「仕事・職業を中心とする人生構想計画」が大事になってきています。日本の社会も世界もピンチ（危機的状況）にありますが，嘆いていても仕方ありません。「ピンチはチャンス」という逆転の発想，プラス思考で，自分の潜在的能力を発見し，高め，実力を育成し，社会に生かしていくチャンスだ思います。

　「キャリアデザイン」は，現実の社会を直視しながら「生き方・働き方・学び方」を学び，自分で考え，行動することをめざします。「知識」だけでなく，自分で考え，決断し，**実行する習慣をつけて「学校での学びと現実社会を生きること」を統合するのが，「キャリア形成」であり「キャリア教育（学習）」のねらいなのです**。

　就職するためには，まず，以上のような就職活動以前の基本・基礎をしっかり体得することが大事です。そのうえで「社会人基礎力（アクション・シンキング・チームワーク）」を身につけることによって，自ら主体的に学び，考え，行動し，就職目標を決定し，生涯の

キャリアデザインを構築することがこの授業の目的です。そのために，講義だけでなく，さまざまな個人作業やロールプレイ，グループワーク等の体験学習を中心に進めます。したがって，この授業はまず出席することが大事です。もちろん，出席するだけでなく，授業に集中することが求められます。さらに，「読む・聴く・考える・書く・話す」という基本能力を繰り返し訓練することによって，「自己表現力」や「コミュニケーション能力」を高めていきます。毎回の授業が「コミュニケーション訓練の場」になりますから，ここでその心構えとして〈6か条〉を述べますので実行していただきたいと思います。

① 姿勢を正し，講師を見つめて，集中して聴く（人の話を本当に「聴く」ということは，声を「聞く」だけでなく，相手が何を言いたいのかを，全力集中して「聴く」ことです）。
② 自分の経験やイメージ，知識を総動員して「考え」ながら「聴く」
③ メモ・ノートは丸写しではなく，自分で「考え」創意工夫して取る。
④ 面白いときは遠慮せず，微笑むか笑う。
⑤ わかるときはうなずき，わからないときは，首をかしげる。
⑥ 反論疑問があるときは，いつでも手を挙げて質問する。

2．「キャリアデザイン」がめざす能力育成目標

現在，キャリア教育と深く関連する諸能力が，各省庁や団体から多数発表されています。中央教育審議会は，これらの能力と内容を一覧表にしていますが，筆者はそれに基づき整理要約を試みました（図表1参照）。「生きる力」「学士力」[2]（中教審），「キー・コンピテンシー」（OECD），「社会人基礎力」（経済産業省），「就職基礎能力」「エンプロイアビリティ」（厚生労働省）等の用語を縦軸にして，具体的能力を横軸で整理すると以下の8能力に要約することができます。

① 人間関係・コミュニケーション・チームワーク力
② 情報活用力（情報リテラシー）
③ 生涯学習・将来設計能力
④ 意思決定・決断力
⑤ 自立（自律）力
⑥ 日本語リテラシー（表現力）・社会常識
⑦ 創造的問題発見・解決力
⑧ 人間力・シティズンシップ

第1章 オリエンテーション 7

図表1

キャリア教育関連の能力用語の整理

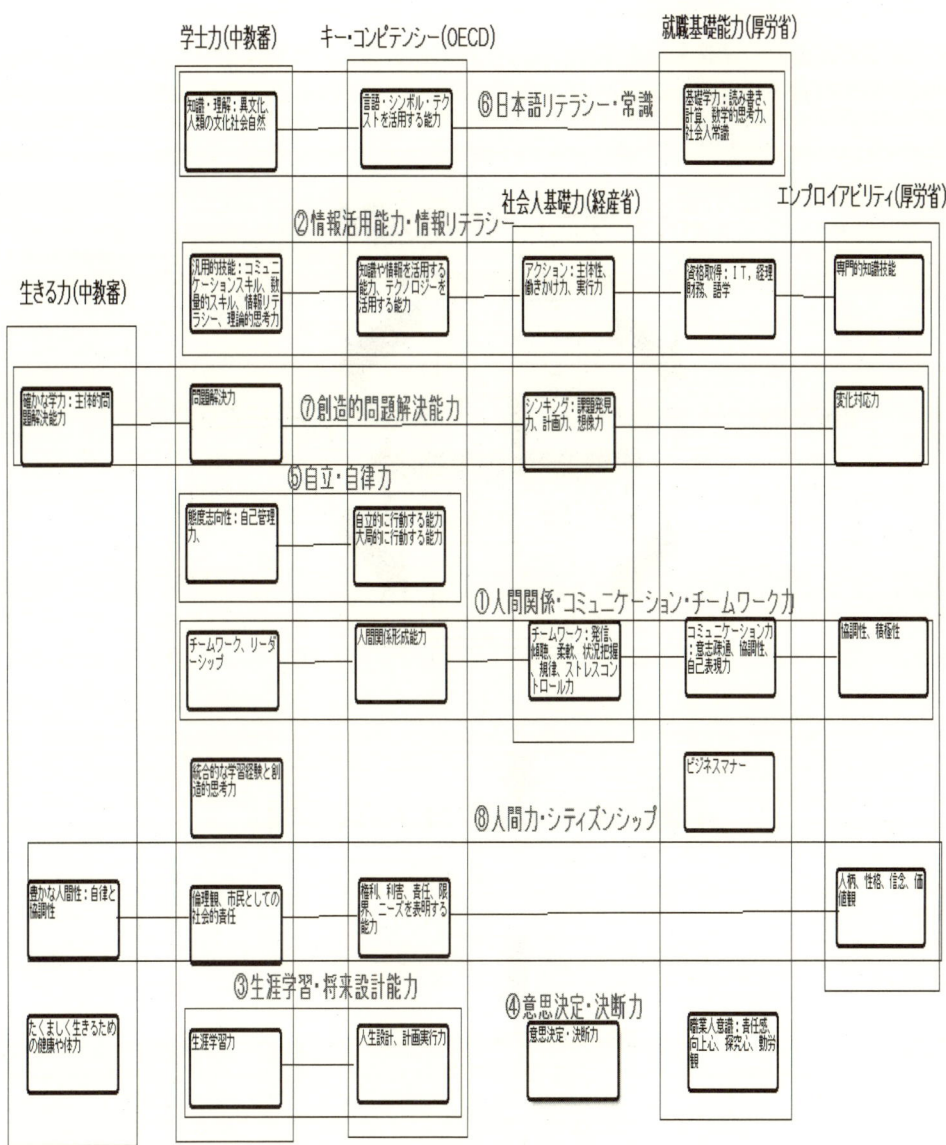

この8能力が「基礎的・汎用的能力」の中身に相当するもので，現在皆さん方に求められている能力です。それらの相互関連を含めてさらに構造化すると，⑦**創造的問題発見・解決力**が最終目標となることが判明します。なぜなら，その他の7能力がなければ「創造的問題解決能力」は育成できないからです。2004年の「キャリア教育推進に関する総合的調査研究協力者会議」の4領域8能力[3]も，2003年内閣府の「人間力戦略研究会」の「人間力」も文部科学省の「就業力」[4]（2010）もすべてこの8能力に集約することができます。この8能力の育成を，さらに，6つの要素に整理し，それに基づきこのテキストは作成されています（図表2参照）。

図表2

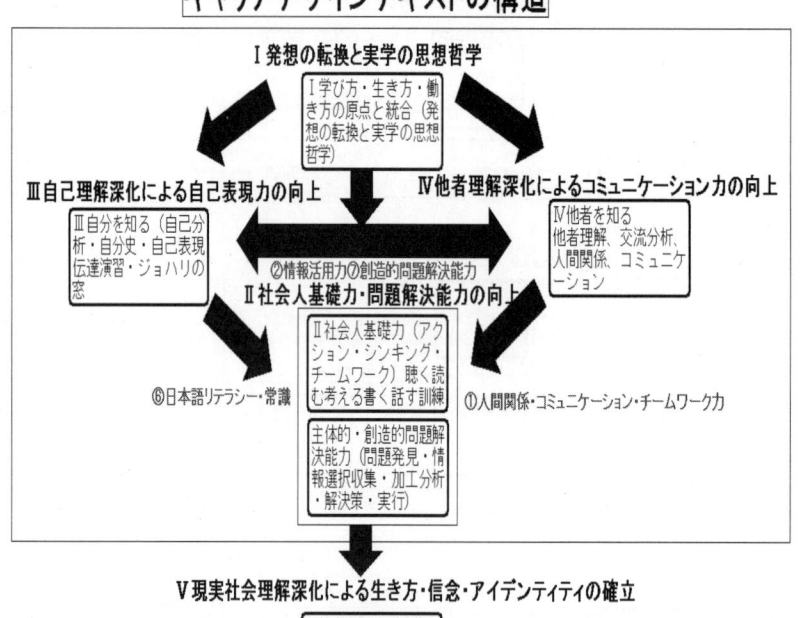

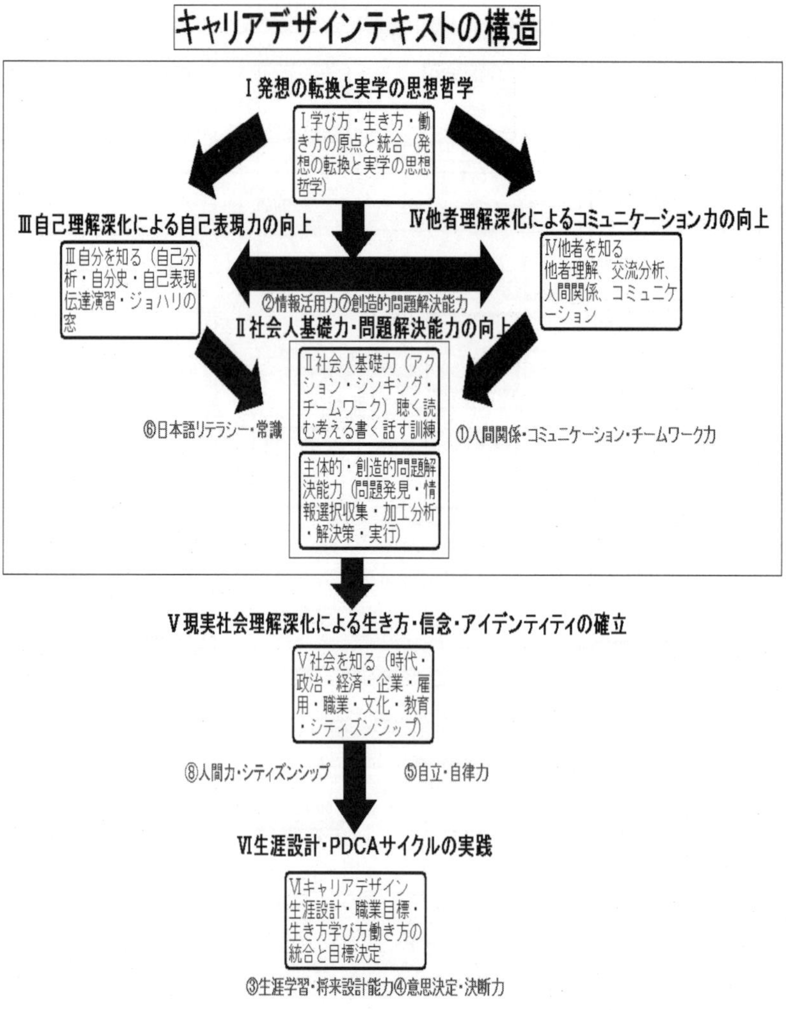

3. キャリアデザイン授業の構造と図解思考法

　この授業は前述した能力を育成するため，主体的に楽しく学べるように，KJ法[5)]を応用した多様な「図解思考法」を活用し，自らの「気づき」を支援する体験学習を重視している点にあります。「図解思考法」は眼で見ながら，手作業をしながら，大局的，論理的に考え，構造化・統合化する方法です。その構造は，図表３のとおりで，「カード式キャリアデザイン法」（自己分析図解による適職探索）を中心に，「カード式情報リテラシー授業法」や「読解図解法」等の体験学習を通じて，「聴く・読む・考える・書く・話す」能力を向上させることが可能です。「カード式情報リテラシー授業法」は毎回の授業で，感想カードを書いて提出し（記名式），最後に図解化して，発表と文章化を行うものです。「読解図解法」は本を読み，カードに書き抜いて図解化し，やはり発表と文章化を行います。

　以上のような基礎訓練を積みながら，メインの「カード式キャリアデザイン法」による自己分析・市場分析・適職探索・キャリア開発計画を行います。同時に併行して，社会人基礎力（アクション・シンキング・チームワーク）を体得し，自分なりの学習スタイルの確立と生涯学習力・生涯キャリア形成能力を高めていきます。2004年の「キャリア教育の推進に関する総合的調査研究協力会議」が提唱した「職業的（進路）発達に関わる諸能力・４領域８能力」（人間関係形成能力・情報活用力・意思決定能力・将来設計能力）の育成とその基礎である「聴く・読む・考える・書く・話す」という自己表現・コミュニケーション能力が知識だけではなく，反復訓練システムとして構造化されています。この授業は，これまで，学校教育で話題になってきた情報活用力や問題解決能力，総合的学習力，日本語リテラシー，社会人基礎力などをすべて包含し，キャリア教育と就職支援をつなぎ統合するところにあります。この授業を通じて，みなさんが自らの職業目標・キャリアデザインを決定し，自信とやる気を喚起して，主体的・自立的・創造的に生きることができるようになることを願っています。

図表3

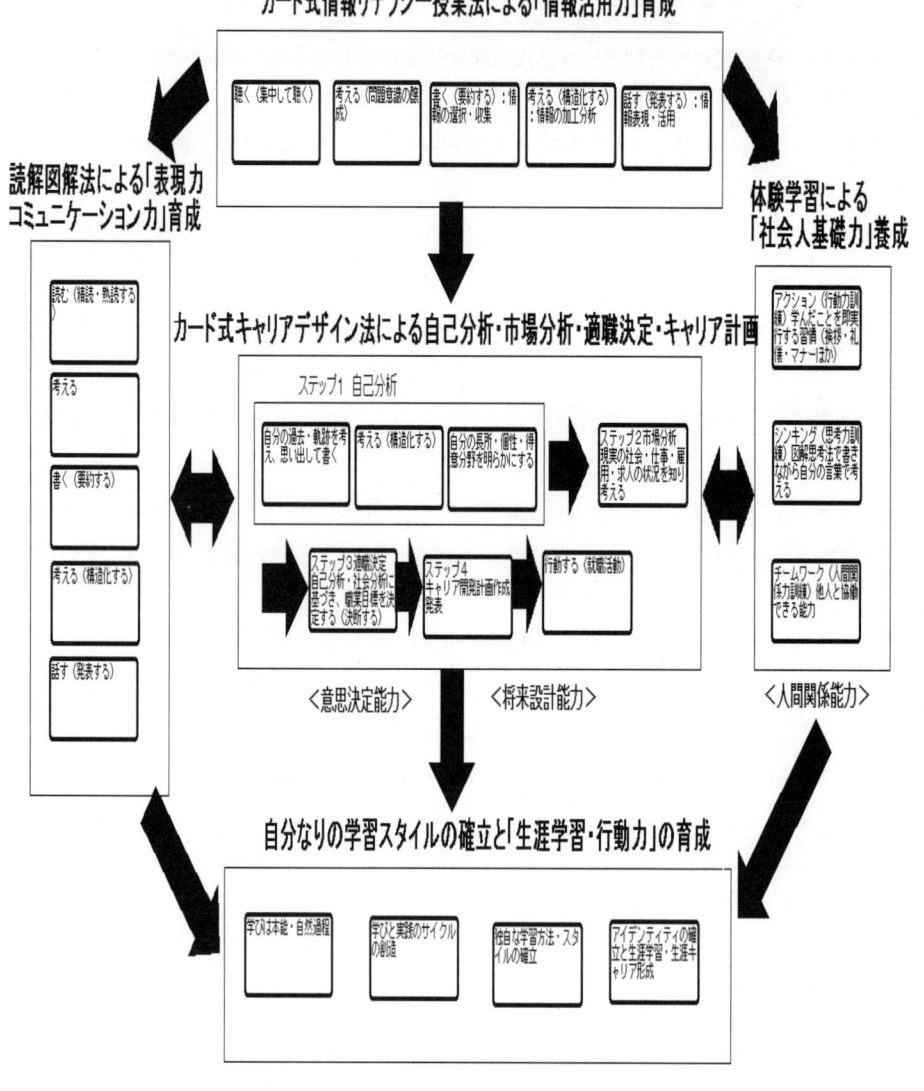

4．カード式情報リテラシー授業法

　「カード式情報リテラシー授業法」とは，筆者が1987年に開発し，20年以上実践してきた「講義法」です。この方法はきわめて簡単で，最初の授業で皆さんに授業回数分のカード（筆者は特注のラベルを使用しているが，市販のラベルやカードでもかまいません）を渡します。毎回授業終了後に授業でもっとも印象に残ったことや大事だと思ったことを30字以内で書いて提出してもらいます（記名式）。もちろん疑問や質問でもかまいません。カードを書く時間を確保するために，講義を5分前に終了します。この時間は授業の振り返りにもなります。回収したカードは，講師が持ち帰り，1枚1枚丁寧に読むことによって，皆さんが何に関心を示したか，どの程度理解したかがわかります。講師は，これを反省，参考材料にしながら次回の授業に役立てます。カードは輪ゴムでとめて保管しておきます。これを毎回繰り返し，授業の最終2回は復習にあて，1回は，これまでのカードを皆さんに返却し，図解化と文章化をしてもらいます。最後の授業では，文章化したレポート（A4・1枚・1000字程度）の提出，および口頭発表を行います。

　この授業法は一方的な「講義法」にメリハリをつけるとともに，皆さんは主体的に問題意識をもって聴きながら考え，情報を選択し分析する習慣を身につけることができます。「情報リテラシー」とは，パソコン教育以前の問題であり，多くの情報から自分の問題意識・関心に基づき「情報を選択」し「メモ」し，「加工分析」し（考える），「伝達表現」し，活用する能力のことです[6]。

　〈カード式情報リテラシー授業法の手順〉
　① 最初の授業で，15枚（15回分）のカードを配る。
　② 毎回，授業終了5分前に，一枚に30字程度の文章を書き，裏に氏名を書いて提出する（出席カードにもなる）。
　③ カードを回収したら，よく読み，次回の授業の参考にするとともに，輪ゴムでとめて保管する。
　④ 質問のカードがあれば，次回の授業の最初で答える。
　⑤ 以上を毎回繰り返し，14回目の授業で，皆さんに自分のカードを返却し，図解する。授業のまとめ，復習となる。
　⑥ 最後の授業で，図解の発表とレポートの提出をしてもらう。成績評価は，平常点とこの発表，レポートで行う。

5．自己紹介スピーチ

　ここで，自己紹介1分スピーチを行います。10分間で下書き，メモをつくってください。
「①なぜこの授業を選んだか，②自己PR，③趣味」について，みんなの前で話してもらいます。お互いに知り合うことと，自己PRの最初の訓練となります。

> **【チェックポイント】**
> 　時間に余裕があれば，2人ずつペア組んで相手のことを紹介する「他己紹介」も可能です。人数が多い場合は，グループごとに行います。講師は，学生のスピーチを聴き学生の特色を理解し，メモしておきます。また，ここでスピーチの仕方についてコメントする方法もあります。授業シラバスに基づき，出席・平常点重視の成績評価の方法等も明らかにしておきます。

〈自己紹介文〉

注
1)「キャリア」の定義は,文科省『キャリア教育推進の手引』(2006.11)によれば,「個々人が生涯にわたって遂行するさまざまな立場や役割の連鎖及びその過程における自己と働くこととの関係付けや価値付けの累積」となっている。また「キャリア教育」の定義については,「児童生徒一人一人のキャリア発達を支援し,それぞれにふさわしいキャリアを形成していくために必要な意欲・態度や能力を育てる教育」(2004.1「キャリア教育の推進に関する総合的調査研究協力者会議」報告書)となっている。さらに,2009年「キャリア教育・職業教育特別部会」は,職業教育との違いを意識して「勤労観・職業観や知識・技能をはぐくむ教育のうち,勤労観・職業観の育成に重点を置いた基礎的,汎用的教育」という定義をしています。わかりやすいのは,大久保幸夫『キャリアデザイン入門(1)基礎力編』(日本経済新聞出版社,2006.3)ですから,次の図解を参照してください。

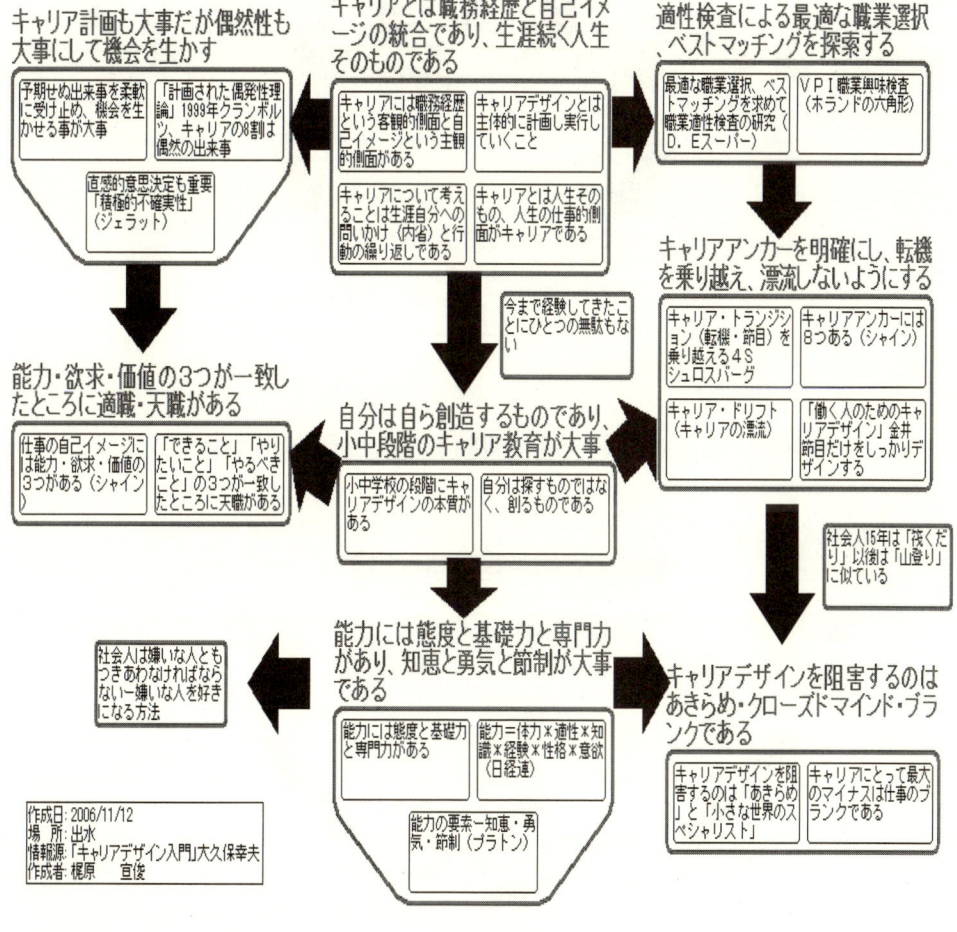

2)「学士力」は現在大学に求められている能力ですが,「キャリアデザイン」と相互に深い関係があるので,その構造を図解しておく。

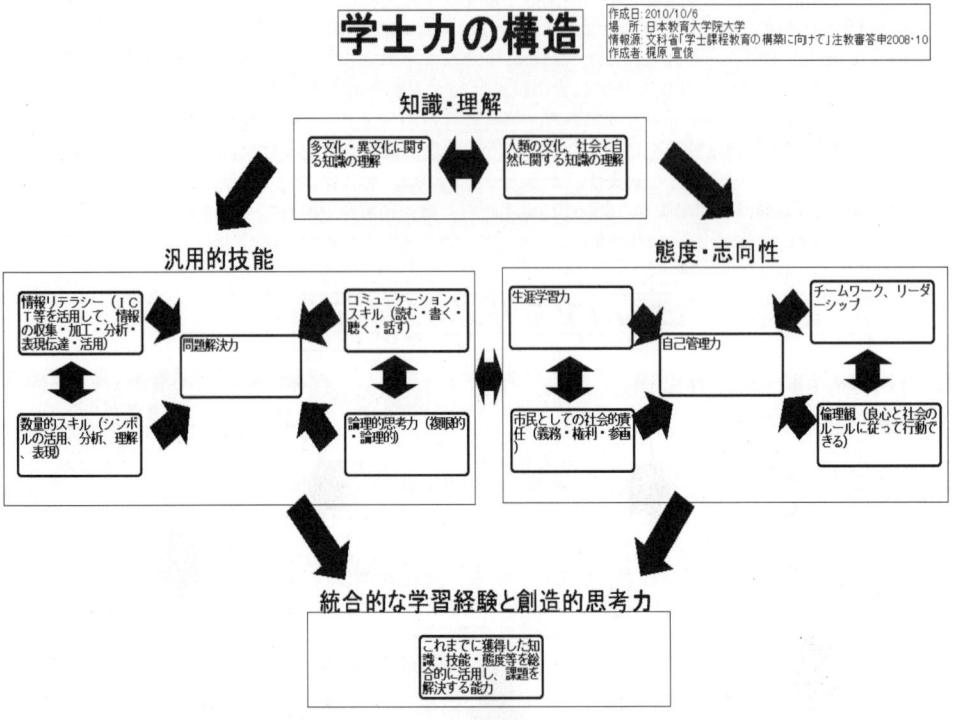

3) 4領域8能力を整理構造化すれば以下のようになる。

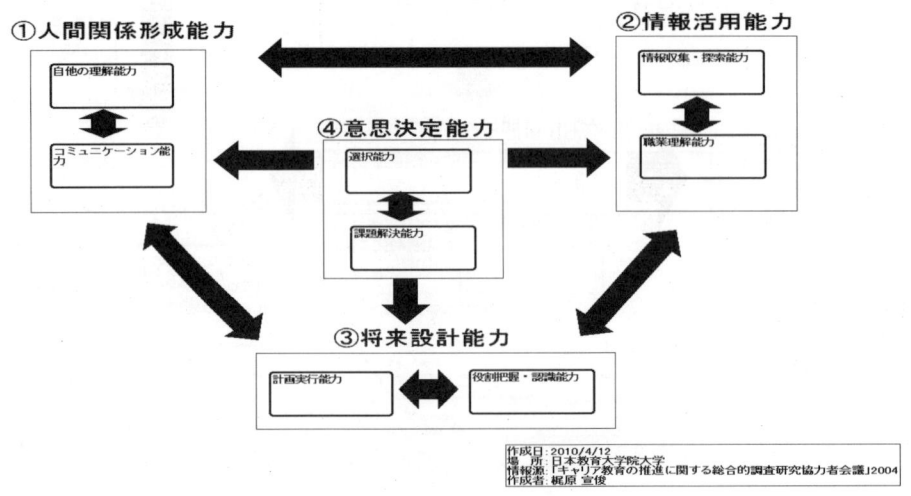

4）文科省は，2010年2月25日に「大学設置基準及び短期大学設置基準」を改正し，「大学は，生涯を通じた持続的な〈就業力〉の育成を目指し，教育課程の内外を通じて社会的・職業的自立に向けた指導等〈キャリアガイダンス〉に取り組むこと，そのための体制を整えることが必要」として，さらに〈就業力〉という概念を提唱している。図解すれば以下のようになる。

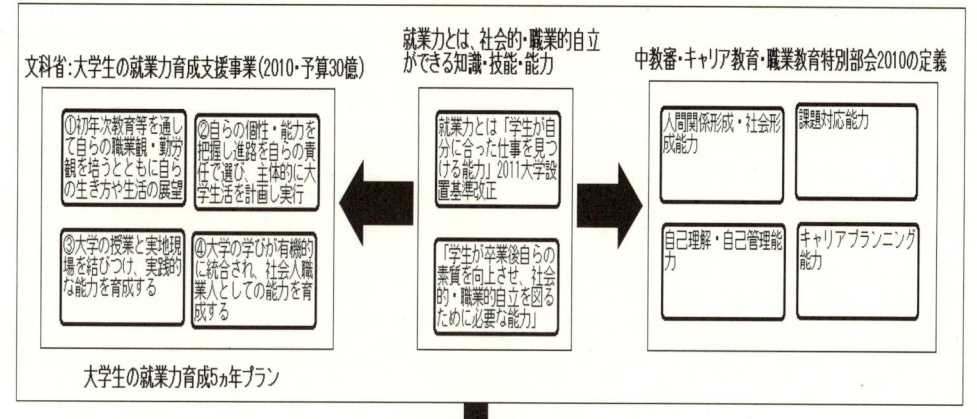

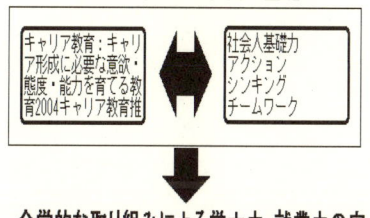

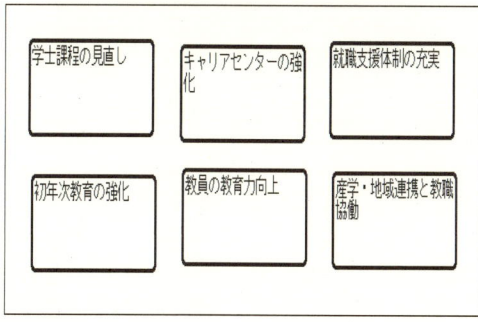

5) KJ法とは，文化人類学者の川喜田二郎が1960年代後半に，長年のフィールドワーク経験から創案した「カード式情法整理法・創造的問題解決技法」のことです。1970年代〜80年代にかけて新しい大学改革運動として「移動大学運動」を提唱実践し，KJ法は企業内教育に普及しました。詳しくは，「読解図解法」および「カード式キャリアデザン法」のところで解説する。参考文献としては，『発想法』（川喜田二郎，中央公論社，1967），『続発想法』（川喜田二郎，中央公論社，1970），『川喜田二郎の仕事と自画像―野外科学・KJ法・移動大学』（川喜田喜美子・高山龍三，ミネルヴァ書房，2010），その他でも，図解思考法に関する本は多数あるが，お勧めは，『仕事と人生で成功する人の図で考える習慣』（久恒啓一，幻冬舎，2003）

6) この方法は後述する「**読む，聴く，書く，話す**」という自己表現の基礎技術の訓練や「PISA型読解力」（熟考・評価・批判）の訓練にもなる。特に「キャリアデザイン」においては，「社会人基礎力」の「アクション・シンキング」の訓練にもつながり，授業全体との相互作用・相互効果が期待できる。

第2章

学ぶとは何か
―学びのパラダイム変換「学びは本能である」―

1．学びの原点と本質——知行合一

「キャリアデザイン」は，実践行動を重視する科目ですから，「学習に対する心構えの転換」が大事です。試験や単位のための学習ではなく，自分の成長・変化のための学習であり，「学びと行動はひとつである」ことを体験していただきたいと思います。

本来，「学び」は歴史的にみれば，「話し言葉」が中心であり，学ぶことは「まねる」ことであり，体で覚え行動することと同義でした。近代化の過程で，紙に印刷した「書き言葉」を学ぶことが当たり前になり，やがて「読み・書き・暗記する」ことが勉強の中心となっていきました（図表4参照）。そのため，「学びの原点」が忘れ去られ，勉強は苦行となっているかもしれませんが，本来，人間は好奇心の塊であり，知らないことを知りたがる本能をもっているのではないでしょうか。つまり未知のことを「知りたい」という本能

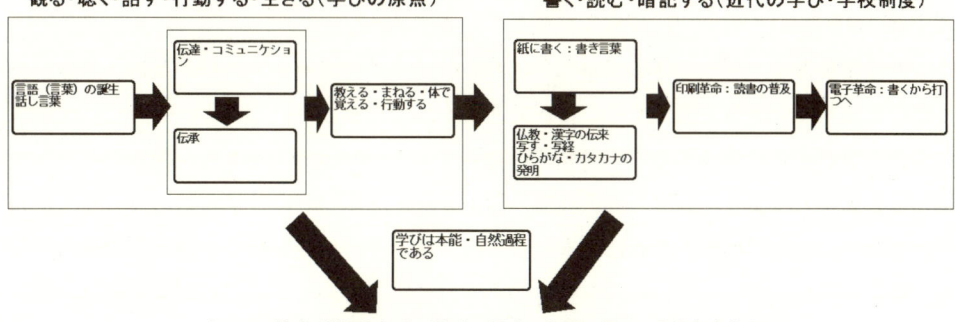

図表4 学びの原点と歴史

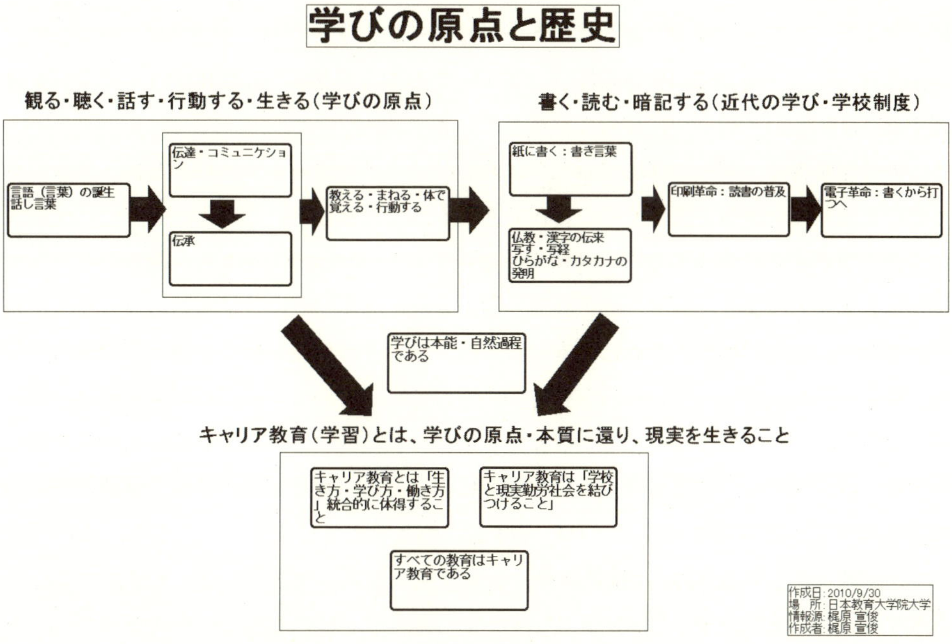

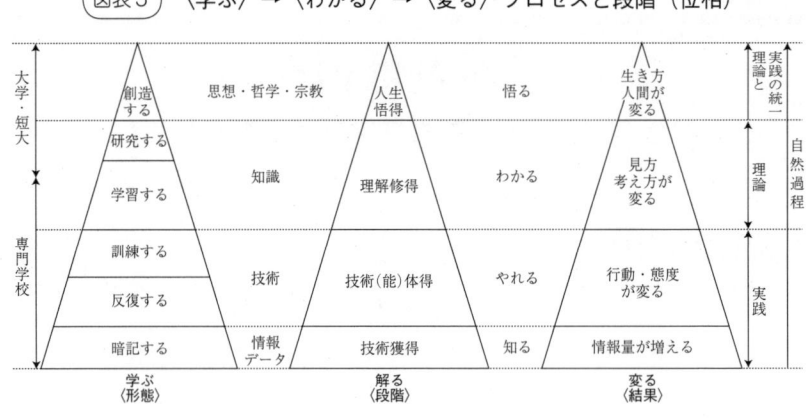

（『専門学校教育論―理論と方法』拙著，1993，学文社，p.44より転載）

が学びの原点であり，その意味で，生涯学び続けることは人間の自然過程であるといえます。しかし，現在，情報やメディアの発達により，膨大な情報が一方的に押し寄せ，知りたくないことまで知らされる時代になり，「知りたい」という欲求が極端に衰退してきたのではないでしょうか。私たちは，今ここで，「学びの原点」に立ち返り，「知への欲求と学ぶ楽しさ」を実感することが大切です。

　次に，「純粋に学ぶ」ことの意味とプロセスを考えてみます。フランスの教育哲学者，オリヴィエ・ルブールは『学ぶとは何か―学校教育の哲学』（1900，勁草書房）のなかで，学ぶ意味を①「〜を知る（情報獲得）」，②「〜することを学ぶ（技能体得）」，③「〜を研究する（理解修得）」の3つに分けて整理しています。

　①の**情報獲得**は，現在の高度情報社会においては，インターネットの普及によりきわめて簡単に知りたい情報を獲得することができようになりました。このような時代は，膨大な情報のなかから自分の知りたい情報を「**選択する**」（それ以外は捨てる）**能力**がとても大事になります。つまり，情報の選択収集・加工分析・活用という「**情報活用力**」や「**情報リテラシー**」能力が生きるために大事になるのです。②の**技能体得**は，専門高校や専門学校，職業訓練校等で行っている職業教育がめざしているものです。③の**理解修得**は，現在高等教育機関が中心となっている学びです。筆者の考えでは，②の**技能体得**という重要な学びが，我が国では「職業教育」という分野に押し込められてきたことが，学校教育を知識偏重の学びへと収束させていったのではないかと考えています[1]。しかし，この「キャリアデザイン」の授業は，「**技能体得**」という職業教育の理念を含み，知識だけでなく行動することの大切さや，「わかる」だけでなく実際に「やれる」ことが大事になってき

ます。詳しくは、第4章アクション「実学の思想」で述べます。ルブールの考えにヒントを得て、筆者の「学ぶとは何か」の考えを図解にすると図表5のようになります。「学ぶ・わかる・変わる」というプロセスと段階の視点からまとめたもので、「**学びを実生活や生き方・働き方と結びつける**」キャリア教育（学習）の根本理念を示唆しており、「これまでの学びのパラダイム変換」を十分に理解・認識し、実行していただきたいと思います。

2．学び方の知識と技術
——生涯学習力と生涯キャリア形成力と自己教育（学習）力

近年、「学び方を学ぶ」ことの大切さは、大いに強調されるようになってきました。イエス・キリストが弟子に、魚を与えるのではなく「魚の取り方」を教えて、一生食べられるようにしたという聖書の逸話にあるように、キャリア教育（学習）においても、「**学び方**」を学び、生涯学び続けることが大事です。自分なりの学習スタイルを創造、確立し、自己教育（学習）力や生涯学習力を体得することが、生涯キャリア形成力につながっていきます。

これらの能力を育成するには、4つの心構えと要素が必要になります（図表6参照）。まず、第一に「**学ぶ姿勢と意欲**」です。これは、前述したように「学びの原点」を認識し、学ぶ喜びを体験することによって身につきます。学び始めたら、いかに自分が無知であるか（自分が知らないことが多いか）わかります。学ばないとそれがわかりません。第二に「**学び方の知識と技術**」が必要になります。インターネットや図書館で、必要な本を探し出し、読み、まとめることが求められます。本の楽しい読み方は、後ほど「読解図解法」で

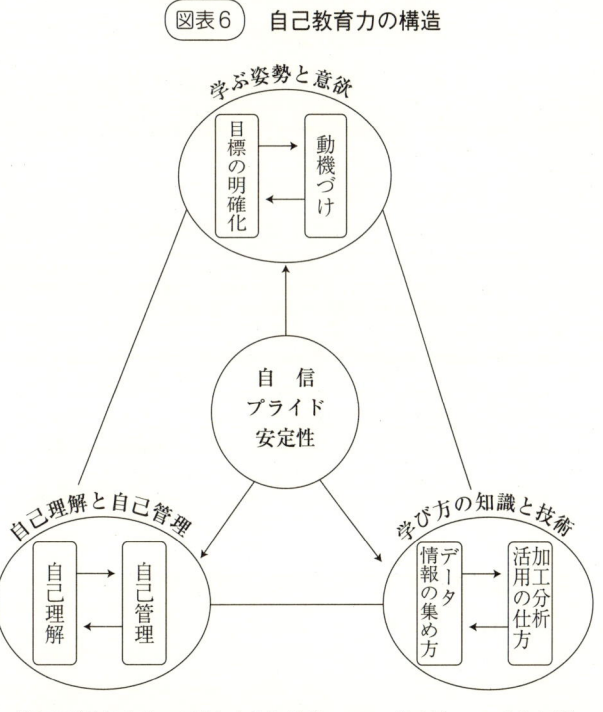

図表6　自己教育力の構造

（『専門学校教育論―理論と方法』拙著, 1993, 学文社, p.38より転載）

体験していただきます。現代の情報社会においては，前述した「情報リテラシー」や「情報活用力」がきわめて重要であり，この能力を，授業を通じて体得していただきたいと思います。第三は「**自己理解と自己管理**」で，自分という人間をより深く客観的に理解し，自己管理（セルフコントロール）ができるようになる必要があります。自己管理の中身は，「**欲望・感情・時間・お金**」です。第四は「**自信・プライド・安定性**」で，このような精神的状態でなければ，自己教育力や生涯学習力，生涯キャリア形成力を育成するのは困難といえるでしょう。この授業を通じて，これらの能力を体得していきましょう。

3．事例：私の生涯学習史と生涯キャリア形成史

　それではここで，筆者自身がごく普通の人間として学校でどのように学び，サラリーマンとして働きながら，どのように学び続けてきたかをひとつの事例として，「学び方の知識と技術」や「学習スタイル」「キャリア形成」を中心に述べます。小中高大を中心に読んでいただき，社会人は参考にしてください。

（1）小学時代―読書・自然・表現することを学ぶ

- 小学時代は遊びと学びが融合していた。
- 4回転校し，孤独と人間関係に悩んだ。
- 小6（11歳）のとき，1人目の恩師木村磯生先生（担任）と出会い，図書館係を任され，伝記物，推理物等の読書が好きになり，それまでの漫画を卒業した。また演劇や修学旅行の絵巻物語作成，児童会長を経験し，読む・書く・話すことが好きになる。さらに田舎だったので，自然が好きで自然に学ぶことも多かった。

（2）中学時代―好き嫌いがはっきりしてくる

- 英語・国語・社会が好きになり理科・数学・体育・音楽が嫌いになる。好きな科目中心に勉強する。
- 生徒会長として，リーダーシップ，人間関係を学ぶ。
- 読む・書く・話すがますます好きになり得意になる。英語クラブで英語を学ぶ。

（3）高校時代―文学・英語・宗教を学ぶ

- 進学校であったから，激化する受験教育に反発し，図書館で読書する。高2で太宰治と出会い没頭する。
- 生き方に悩み，宗教を学ぶ（聖書研究会，座禅，生長の家）。

- ESSクラブで英会話を学び，シェークスピアの英語劇（ハムレット・ベニスの商人）に熱中する。
- 生涯の親友と出会い，生き方や夢を語り合う。

（4）大学時代——社会の目覚め・学生運動・経済的自立・セツルメントクラブ活動熱中
- 大学の授業に幻滅し，独学。学生運動やセツルメントクラブ活動に熱中する。
- 2人目の恩師岩永久次先生と出会い，叱咤激励され，大学4年で初めての長編論文「太宰治論」140枚を書く。吉本隆明の本と出会い，没頭。戦争体験に関心をもつ。
- 1969年大学紛争のため休学，東京遊学体験・演劇研究生として学びながら，労働と金のありがたみを学ぶ（私にとって個人的なインターシップ体験であった）。
- 川喜田二郎・KJ法と出会い没頭，翌年復学し，書くことが好きだったので新聞記者として就職する。しかし，川喜田二郎主宰の広島移動大学プロジェクトリーダーの誘いを受け退職。広島移動大学の主催，企画運営，地域との産官学民連携，経営・企画・渉外・教育全般を学ぶ。初めての大きな「一仕事体験」をする。

（5）社会人（20～30代）——YMCA・KJ法・情報リテラシー・企業内教育の実践と理論化
- 移動大学に全面的に協力してくれた広島YMCAと出会い，就職。相原和光総主事という尊敬できる人物と出会い，人格・人間性・生き方を学ぶ。
- 研修センター所長として，KJ法を中心に経営と企業内教育を学ぶ。AIA（生涯設計プログラム）・MG（マネジメントゲーム）と出会い「T型人材開発システム」を構築，KJ法・AIA・MGを組み合わせて多くのセミナーや委託研修，講演を行う。
- 総合開発研究所を創設し，情報の収集加工分析・活用を学び，実行する。カード式図解読書法の開発実践（読解図解法）。21世紀を科学する情報誌「THE WAVE」を発行（隔月刊，A4・40頁，16年間95号まで発刊）。
- 「情報リテラシー」を普及するために「情報喫茶」を開設し，これまでの実践と学びをまとめ「情報喫茶アスキスからの発想－高度情報社会を生き抜く法」（IN通信社，1986）を初出版。

（6）社会人（40～50代）——専門学校・職業キャリア教育・国際教育の実践と理論化
- 国際ビジネス専門学校校長として経営と教育，職業キャリア教育を学ぶ，「情報社会論」の授業を担当。『専門学校教育論－理論と方法』（学文社，1993）を出版。
- KJ法のパソコンソフト開発に協力し『私のおすすめパソコンソフト』（岩波書店，

2002) に「知的生産のツール・イソップ超発想法」を執筆。
- 日米 YMCA マネジメント会議・姉妹校（英国・中国）との交流等で国際交流を体験し（15カ国30回），日本人の「心の国際化」を考えさせられ，学ぶ。
- 日本語学校校長を兼務し，「日本事情」の授業を担当。留学生と交流。
- 福山 YMCA 館長として異動，地域に密着しながら財政再建。
- 福山市民による舞台劇「瀬戸内の夜明け」に協力，喜多流能楽師大島一家と出会い，謡を始める。伝統文化と出会い，日本の伝統的語り音楽に魅力を感じ，義太夫，浪曲，新内節，小唄他を CD で独学。
- ボランティア活動に尽力し，福山市民参画センター，NPO 支援センター・福山フイリピン協会等の設立に参画。
- 安田女子大学「キャリア教育」の非常勤講師を2年勤める。

（7）社会人（50～60代）―キャリア教育・まちづくり・伝統文化教育を実践的に学ぶ
- 58歳で YMCA 早期退職。キャリアコンサルタントの資格を取得し，ハローワーク福岡中央で再就職プランナーとして1年間5000人の就職支援を経験する。
- 翌年，鹿児島県出水市で独立し，「国際キャリア研究所」代表として九州各地の高校進路講演や就職支援を行う。
- 鹿児島大学法文学部現代 GP「キャリアアップ」非常勤講師，テキスト作成。
- 『選ばれし者の悲哀とリリシズム―太宰治の思想』（文芸社，2003）を出版。
- 『吉本隆明論―戦争体験の思想』（新風舎，2004）を出版。
- 2008年3月，日本教育大学院大学（東京）常務理事・事務局長として赴任。「株式会社立専門職大学院」の経営と教育の実践・研究を行う。
- 日本教育大学院大学で，特別授業「社会人基礎とキャリア教育」開始。（半期15回，2009～2010）
- 2009年4月，法政大学大学院経営学部キャリアデザイン学専攻修士課程入学。社会人大学院で，働きながら夜間学ぶ。修士論文は「大学におけるキャリア教育科目の固有の役割についての研究―3大学の事例を通して」。2011年3月修士取得。

〈学びのプロセスとラーニングツリー〉
　以上，大まかに筆者の生涯学習の歩みとキャリア形成を述べてきましたが，これまでの「学びのプロセス」と「ラーニングツリー」を作成してみると，根幹に小中時代の「読書」が大きな影響を与えてきたことがわかります（図表7参照）。「読書」の大切さは，現在い

第2章 学ぶとは何か

図表7

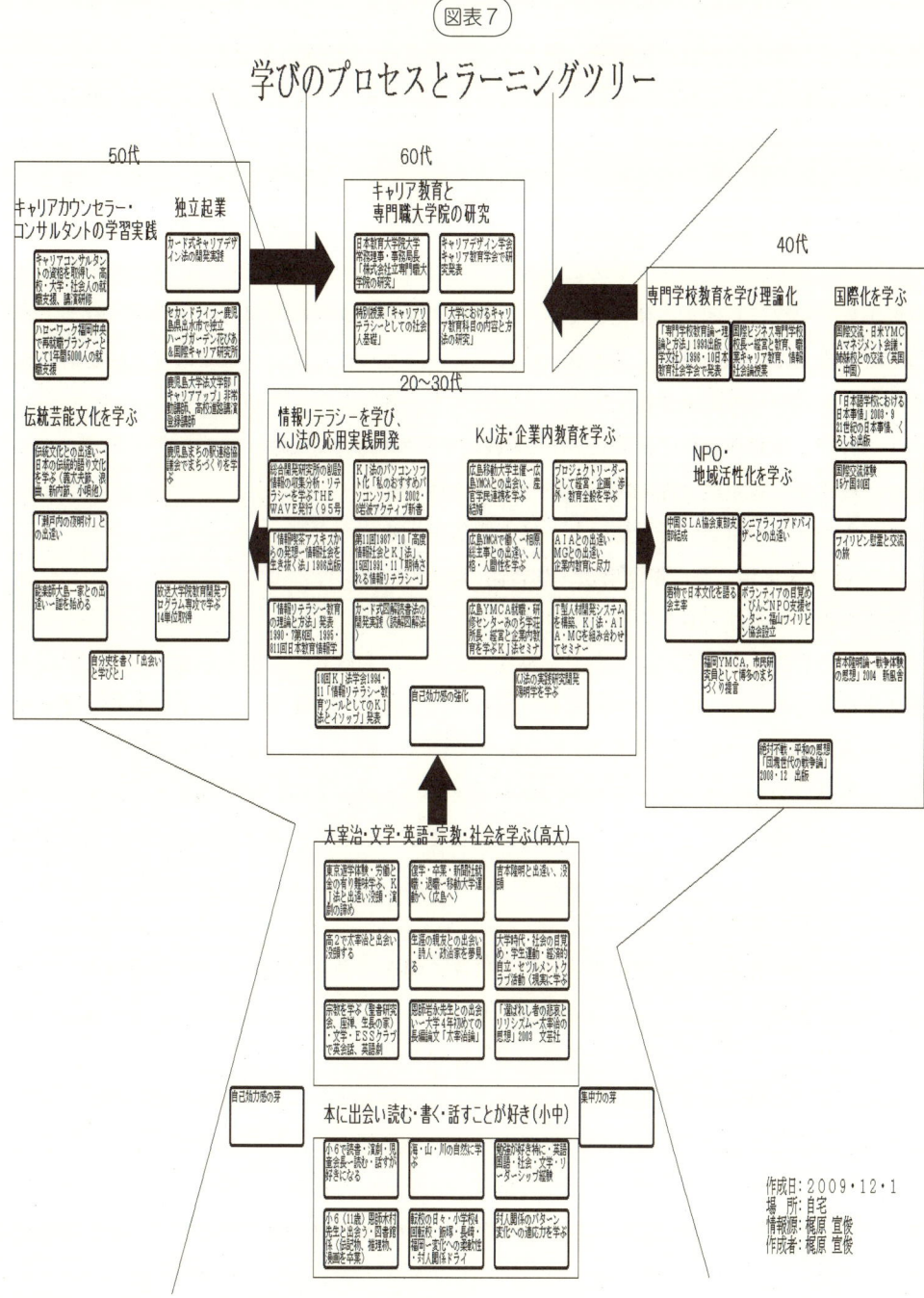

たるところで強調され,「朝の読書」時間が学校で普及しており,日本一の読書運動等も展開されています。筆者の体験から考えても,読書は,「想像力」を豊かにし,「意欲」と「行動力」「集中力」を育ててくれる重要な行為といえます。筆者もその読書を基盤として今日までの学習と実践が継続できたと考えられます。読書を通じて,「読む・書く・話す」ことが好きになり,やがて太宰治や吉本隆明などの偉大な人物に出会い,没頭し,筆者の生き方に大きな影響を与えてきました。次に,「KJ法」という技術が筆者の生涯学習プロセスでは大きな位置を占めていることがわかります。「カードと図解」が筆者の学びには必要不可欠なツールとして存在しており,この技術を徹底的に活用して,学び,教え,実践してきました。このラーニングツリーに基づき,さらに学びのプロセスと方法を構造化すると,筆者の特徴的な学習法は次のように大きく5つあると思われます。

① 行動・体験理論化学習法（学びと実践のサイクル）
② 興味関心連鎖法（興味関心連鎖サイクルと徹底性）
③ 本や人との出会いを大切にし,最大限活用する
④ KJ法を応用した読解図解法・学習法の活用
⑤ 公表とセルフプレッシャーメソッド

振り返ってみてあらためて大事だと思ったことは,やはり学んだことは必ず「**人に伝え,発表する**」ということです。それを自ら義務づけるという意味で,これを「**セルフプレッシャーメソッド**」と名づけました。「セルフプレッシャーメソッド」とは,自分で自分を追い込み逃げ道をふさぐことであり,自分で2階に上がってはしごをはずすことです。人間は,やはり弱いものでついつい楽な方に流れます。テストや締め切りがないと動きません。他人にプレッシャーを与える人は多いのですが,自分にプレッシャーを与え続ける人は少ないように思えます。

以上の5つの方法は,筆者にとって相互に深く関連しあっており,どれひとつとしても欠かすことができません。怠け者で普通のサラリーマンであった筆者が,生涯,何とか今日まで学びつづけることができた秘密のように思われます。

次に,筆者の事例研究から導きだされたこの5つの方法を,個人的な要素を排除して一般化してみると図のように①学びと実践のサイクルの創造,②独自な学習方法と公表システムの創造,③興味関心連鎖サイクルの創造,④出会いの尊重と活用の4つに構造化できます（図表8参照）。「生涯学習」という言葉は従来の「知的,頭だけの学習」と誤解されそうなので,「キャリアデザイン・形成」の視点から「生涯学行（または修行）」という言葉のほうが相応しいと考え,「生涯学行（修行）とは,自分と世界について死ぬまで学び公表,行動しながら,アイデンティティを創造確立することである」と表現しました。

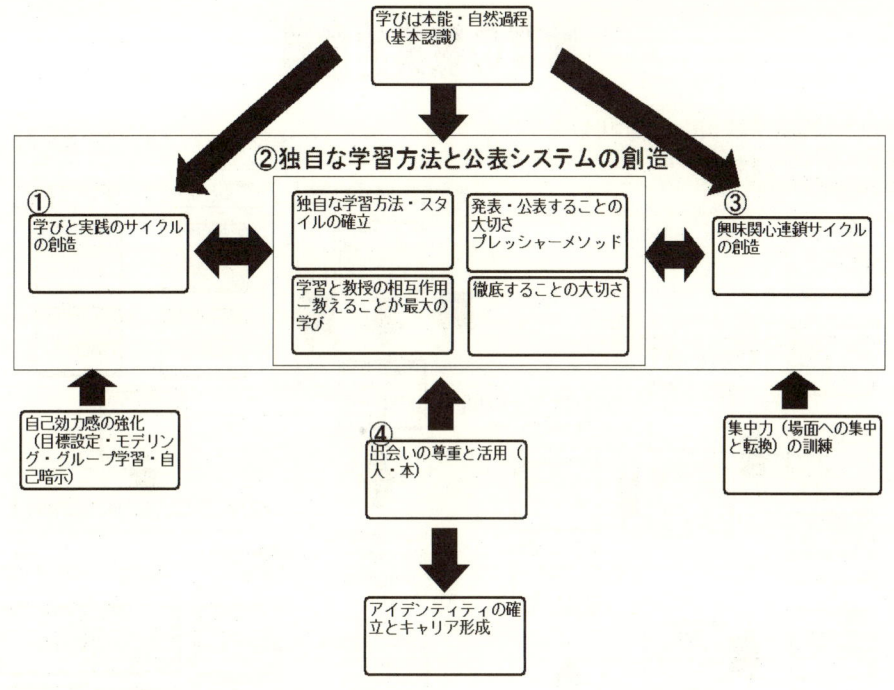

4. 自分の学習スタイルの分析・討議

　この事例から何を感じ学んだかを，自分の学習スタイル・学習方法を振り返りながらグループで討議しましょう。また，時間があれば各自自分の「学びのプロセスとラーニングツリー」を作成してみましょう。

【チェックポイント】
　自分のこれまでの学習方法・スタイルを自覚化し，改善することが大事である。

注
1）本田由紀（2009）は『教育の職業的意義―若者，学校，社会をつなぐ』で，国際的に見ても我が国の学校教育が歴史的に職業的意義を軽視してきた背景を分析し，〈適応〉ばかりを強調する現在のキャリア教育が「教育の職業的意義」を逆に阻害する危険性を指摘し，〈適応〉と〈抵抗〉の両面性を備えた「柔軟な専門性」を有する「職業教育」の大切さを強調している（下図参照）。

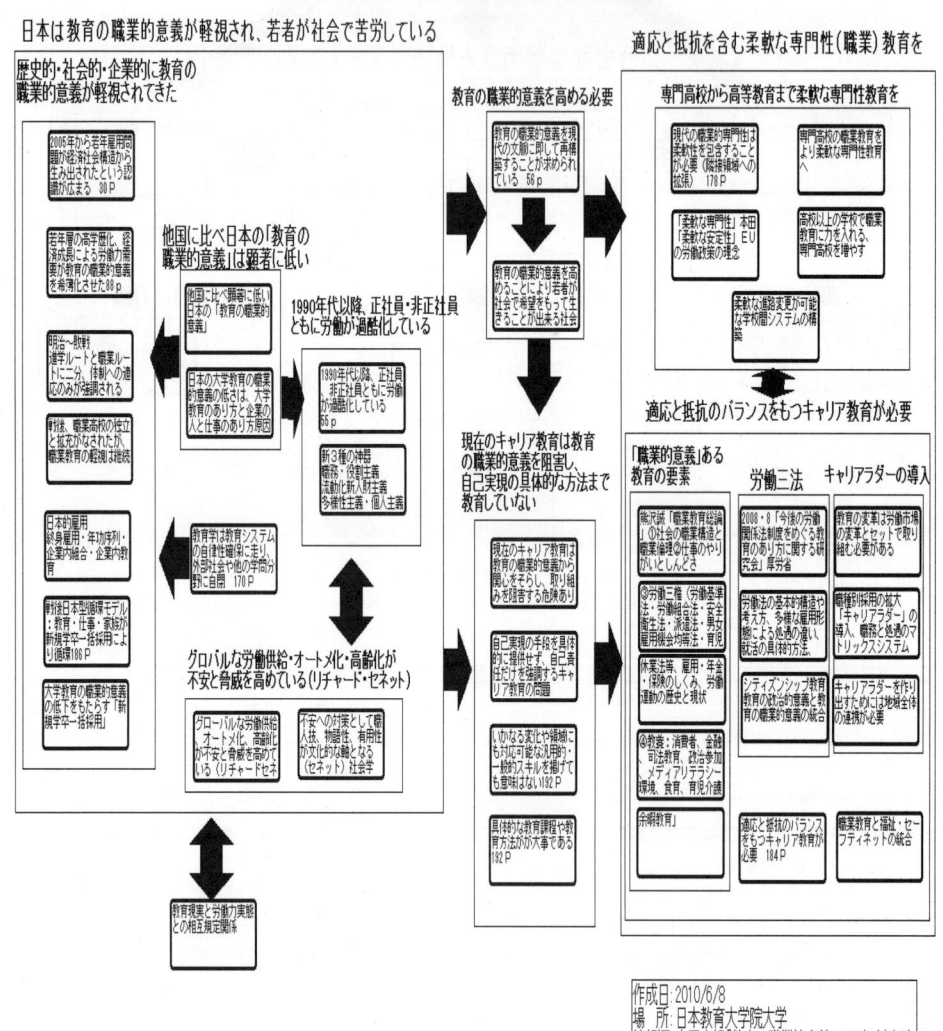

第3章

キャリア・リテラシー
―社会人基礎力は当たり前の能力―

1．社会人基礎力の内容

さて，それでは「キャリア・リテラシー：社会人基礎力」に入っていきます。

「社会人基礎力」とは，2006年に経済産業省が経済界の要望に基づき提唱しているもので，ここ数年大学にも普及を始めています[1]。

社会人基礎力の中身は，**①前に踏み出す力（アクション）**，**②考え抜く力（シンキング）**，**③チームで働く力（チームワーク）** の3つで，さらに12の能力要素が示されています。社会人として，きわめて基本的・常識的な内容であり，かつては企業内教育や新入社員研修で行っていたものです（図表9参照）。社会人基礎力は，キャリア教育の基礎でもあるので，筆者は「キャリア・リテラシー（キャリア形成のための基本的能力）」と呼んでいます。

図表9　社会人基礎力の能力要素

分　類	能力要素	内　容
前に踏み出す力 （アクション）	主体性	物事に進んで取り組む力 例）指示を待つのではなく、自らやるべきことを見つけて積極的に取り組む。
	働きかけ力	他人に働きかけ巻き込む力 例）「やろうじゃないか」と呼びかけ、目的に向かって周囲の人々を動かしていく。
	実行力	目的を設定し確実に行動する力 例）言われたことをやるだけでなく自ら目標を設定し、失敗を恐れず行動に移し、粘り強く取り組む。
考え抜く力 （シンキング）	課題発見力	現状を分析し目的や課題を明らかにする力 例）目標に向かって、自ら「ここに問題があり、解決が必要だ」と提案する。
	計画力	課題の解決に向けたプロセスを明らかにし準備する力 例）課題の解決に向けた複数のプロセスを明確にし、「その中で最善のものは何か」を検討し、それに向けた準備をする。
	創造力	新しい価値を生み出す力 例）既存の発想にとらわれず、課題に対して新しい解決方法を考える。
チームで働く力 （チームワーク）		発信力自分の意見をわかりやすく伝える力 例）自分の意見をわかりやすく整理した上で、相手に理解してもらうように的確に伝える。
	傾聴力	相手の意見を丁寧に聴く力 例）相手の話しやすい環境をつくり、適切なタイミングで質問するなど相手の意見を引き出す。
	柔軟性	意見の違いや立場の違いを理解する力 例）自分のルールややり方に固執するのではなく、相手の意見や立場を尊重し理解する。
	情況把握力	自分と周囲の人々や物事との関係性を理解する力 例）チームで仕事をするとき、自分がどのような役割を果たすべきかを理解する。
	規律性	社会のルールや人との約束を守る力 例）状況に応じて、社会のルールに則って自らの発言や行動を適切に律する。
	ストレスコントロール力	ストレスの発生源に対応する力 例）ストレスを感じることがあっても、成長の機会だとポジティブに捉えて肩の力を抜いて対応する。

（社会人基礎力に関する研究会「中間とりまとめ」平成18年1月20日より）

2．チェックシートによる自己分析

　次の評価シートに基づき，5段階評価で現在の自分の社会人基礎力を正直に評価してみよう。そして，自己評価レーダーチャートに記入し，自分の強みや弱みを理解，認識しよう。グループで発表し，共有する方法もあります。

〈チェックシート〉

　次の評価項目ごとに，A：100点　B：80点　C：60点　D：40点　E：20点の5段階で自己評価してください。証拠の欄には，具体的事実・実績があれば記入する。

評価項目	能力要素	本人評価	証　拠
アクション	主体性		
	働きかけ力		
	実行力		
シンキング	課題発見力		
	計画力		
	創造力		
チームワーク	発信力		
	傾聴力		
	柔軟性		
	情況把握力		
	規律性		
	ストレスコントロール力		

　記入した評価点を次のレーダーチャートに記入してください。そこに，現在のみなさんが自覚している強みと弱みが明らかになります。弱みを克服すると同時に，強みをさらに伸ばしていきましょう。この授業でもこれらの12の能力開発を行っていきますので，授業の最後で再度評価してみると，その変化，成長を確認することができます。

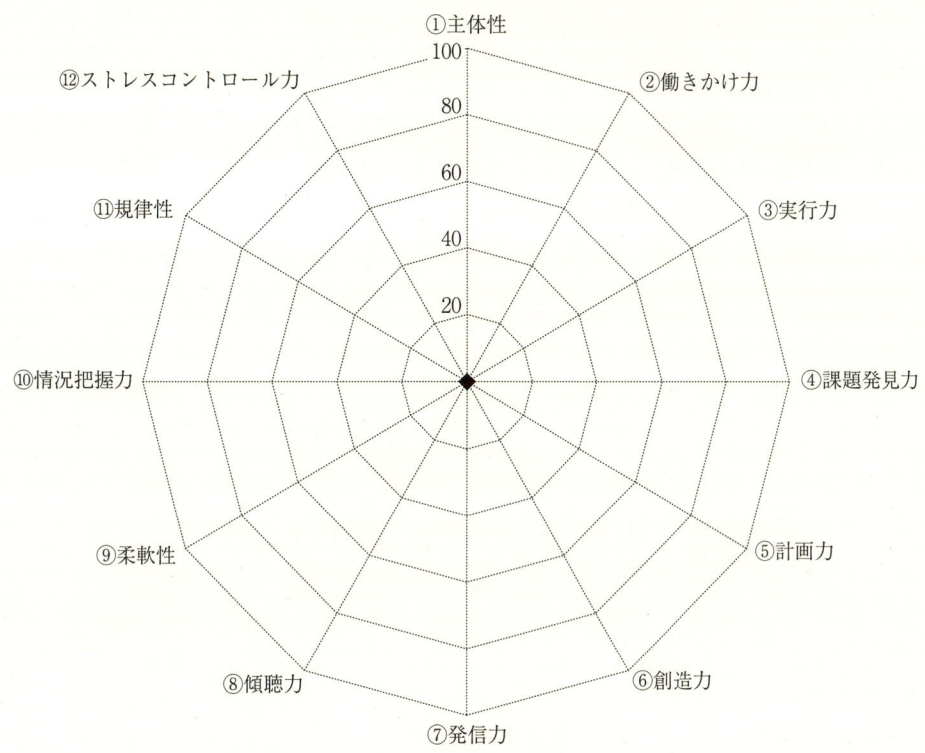

〈レーダーチャート〉社会人基礎力の能力要素

〈レーダーチャートを見ながら自分の強みと弱みを明確にする〉

3．社会人とは何か──グループワーク

　ここで，各自のレーダーチャートを参考にしながらグループワークを行います。6人前後のグループに分かれ，ブレーンストーミング法を使って，社会人とは何かについて自分の思い・イメージを発表し，カードに記入します。1人4〜5枚程度，全体で30枚前後がちょうど図解にしやすい枚数です。記入したカードを，共通性・類似性でグループ分けし，見出しをつけていきます。見出しはできるだけ内容に忠実に具体的に文章で表現します（図表10参照）。図解が完成したら，全体で発表していただきます。このグループワーク体験には，すでに社会人基礎力（アクション・シンキング・チームワーク）の訓練が含まれています。発表後の締めくくり講義として，「職業・勤労・仕事の基本」を説明します。

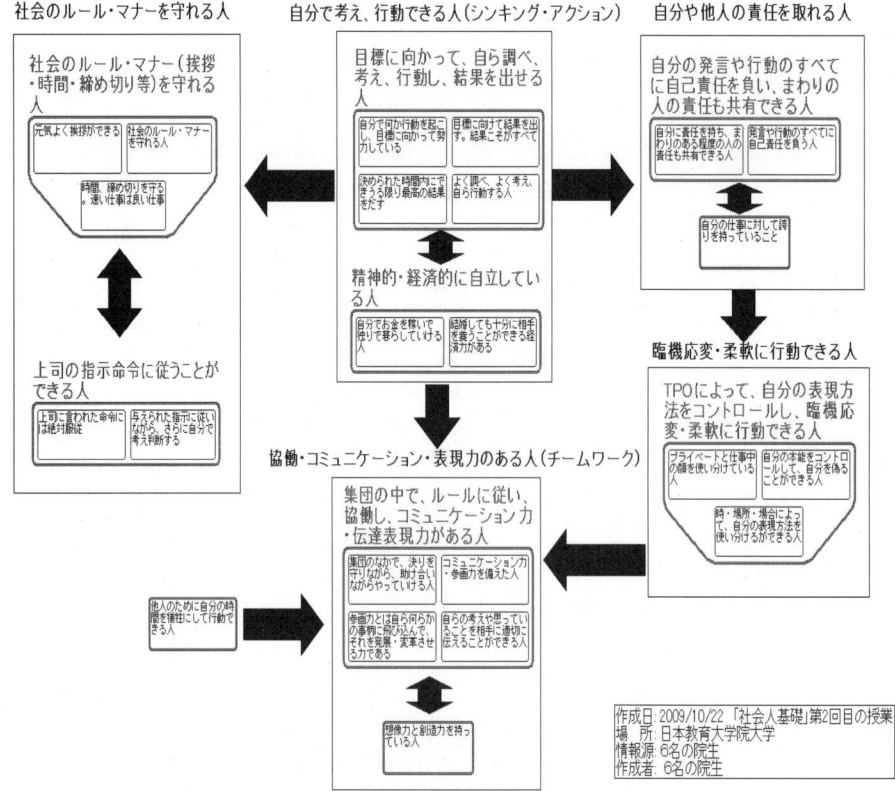

図表10　見本図解

4．職業・勤労・仕事の基本

「社会人とは何か」の理解をさらに深めるために，「職業とは何か」をあらためて考えてみよう。「職業」という言葉の英語の語源にひとつのヒントがあります。職業の意味をもつ英語は，occupation, business, vocation, calling, profession, trade, employment, work, job などたくさんあります。このなかで，もっとも職業の本質を表しているのは calling です。これは「呼びかけること」という意味です。誰が誰に呼びかけることでしょうか。それは，神が人間に呼びかけるということです。その呼びかけに応える「業」が職業という意味なのです。人には誰でも天賦の才能（タレント）が与えられており，その才能・個性を発見し，育て，職業に結びつけるのがキャリアデザインなのです。

職業とは，神から与えられた才能・個性・自分らしさを発見し，育て，社会に役立つ仕事をすることです。「何のために働くか」と問われれば，多くの人は「生活のため・金のため・食うため・生きるため」と答えるでしょう。人は皆，生活のために働いています。しかし，その働きが，社会のために役立ち，自分自身の成長につながることを実感できたら，もっと充実感ややり甲斐を感じることができるのではないでしょうか。その仕事が，自分の好きなことであり，適性があればさらに幸せといえます。

社会人は，職業の本質を理解し，「生活のため・社会のため・自分のため」に働いています。「自分のために働く」という意味は，人間は仕事を通じて初めて成長することができるからです。そして，働くためには，社会人基礎力（アクション・シンキング・チームワーク）が必要不可欠なのです。

これから皆さんは，学生から社会人になっていくわけですが，基本は少しも変わりません。**自ら主体的に学び，考え，行動し，協働すること**が大切です。

相違点は，社会人は給与をもらいながら学び成長することができるという点です。したがって，組織のルールを守り，コミュニケーションを十分に図り，自己責任をもって言動することが求められます。また，仕事の基本は「PDCAサイクル」で Plan（計画）し，Do（行動）し，Check（反省）し，Action（行動）するというもので，学生生活と基本的には同じです。ただ，

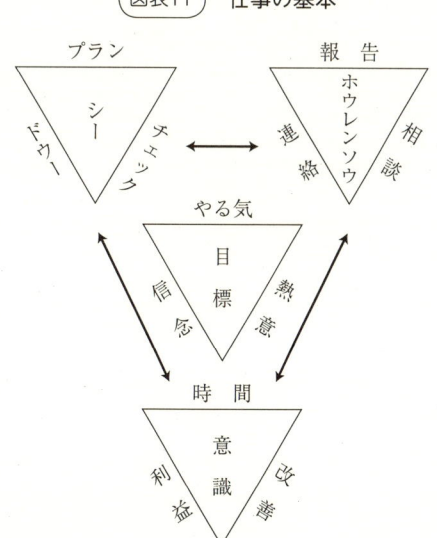

図表11　仕事の基本

学生時代のような甘えが許されず、確実に実行しなければなりません。「**ホウ・レン・ソウ**」（報告・連絡・相談）を確実に実行し、「**利益・時間・改善意識**」をもち、やる気と情熱、信念をもって働くことが求められます。学生時代から、そのような習慣をつけておくとスムーズに社会人に移行できるでしょう（図表11参照）。PDCAサイクルに2度の「行動」が入っていることからもわかるように、社会人にとってもっとも大事なことは「**行動力**」です。口先だけの人間ではなく、「**行動する人**」としての習慣をこの授業で体得していきましょう。

【チェックポイント】
　社会人基礎力は特別な能力ではなく、学生時代から求められる普通の能力であることを自覚しましょう。

注
1）社会人基礎力は経済産業省が力を入れ、2007年からモデルプログラムを全国19大学において実践している。詳しくは『社会人基礎力育成の手引き―日本の将来を託す若者を育てるために』（経済産業省編、河合塾制作、朝日新聞出版、2010）参照。

第4章

アクション（行動力訓練）
―知ることと行うことはひとつである―

1．実学の思想――陽明学とプラグマティズム

　一歩前に踏み出す力・アクションは，前述してきたように社会人としてもっとも大事な能力ですが，最近，若者も大人もこの行動力が弱体化しているように見受けられます。特に，学校で学んだことを即実行するという考え・習慣がなく，学校の授業と現実生活を生きることが遊離しているように思われます。それが，学校と現実生活を結びつける「キャリア教育」の必要性が叫ばれるゆえんでもあります。「学びのパラダイム変換」で強調しておいたように，学校教育における「学びと実生活，実践行動」との生き生きとした相互交流関係を甦らせることが大事です。

　筆者は，専門学校教育を第3の高等職業教育機関として理論化する際，「実学の思想」を根本に据えるべきだと考えました[1]。そこで，専門学校教育・職業教育の原点と思想を，①寺子屋の思想（庶民教育），②実学の思想（実務教育），③実力の思想（自己教育）の3つに整理して論じました。

　①寺子屋の思想（庶民教育）とは，「読み書きそろばん」という生活に必要な基礎教育を一般大衆・庶民に平等に教えるという思想です。現代では「読み書きパソコンマナー」がそれにあたります。大学が大衆化し，ユニバーサル段階に入った今，大学もエリートではなく庶民教育の思想が必要になってきているといえます。

　②実学の思想（実務教育）とは，「実事求是の学」であり現実の体験から学び，学んだことは即実行するという思想です。

　③実力の思想（自己教育）とは，自己教育力（学習力）を身につけ，学びと行動・現実社会を統合することです。その自己教育力（学習力）を体得するには，①自信・プライド・安定性，②学ぶ姿勢と意欲，③自己理解と自己管理，④学び方の知識と技術の4点が必要であることはすでに述べました。「キャリア教育（学習）」の基本的思想哲学もまた「行動力」を中心とする，この「実学・実力の思想」にあるといえます。

　さらに，実学の思想は，①**現実・事実から学ぶ**，②**実用的なことを学ぶ**，③**学んだことは即実行する**の3つの要素から成り立っています（図表12参照）。

　①現実・事実から学ぶということは，理想や固定概念，先入観から現実を見るのではな

く，虚心に現実・事実を直視しそこからものを考えていくということです。現実主義，事実主義，経験（体験）主義といってもよいでしょう。発想法としては，演繹法ではなく帰納法です。「実事求是」とは，現実・事実から生き方・道を求めるという意味で，ここから，インターシップやアルバイト，ボランティア活動体験の大切さが導き出されます。現代は，行動・体験する前にいろいろと考え悩むという風潮が強いようですが，キャリア形成の観点からいえば，まずは，インターシップやアルバイト，ボランティア活動を体験してみることが大事です。そこから自分の好きな職業や未来が見えてくる可能性があります。特にインターンシップは，現実にはごく少数の人しか体験できないので，**アルバイトを自主的なインターシップと考えて取り組むこと**をお薦めします。自分の関心のあるアルバイトを探し，正社員になったつもりで一生懸命働くことによって，その体験から，現実や企業を理解し，自分の好きな職業を考えることができます。アルバイトは，給与をもらえるので，インターシップよりはるかにやり甲斐を感じることができます。この「現実・事実から学ぶ」ということは，「経験から学ぶ」ということと同義であり，大事な要素なので次でさらに詳しく取り上げます。②実用的なことを学ぶというのは，目先の資格検定等だけでなく，「読み・書き・マナー・パソコン」や「社会人基礎力」「基礎的・汎用的能力」を学び体得することも含まれます。③学んだことは即実行するというのは，「学びの原点」のところで述べたように，何か疑問を感じたらすぐに調べたり，友人に学んだことを伝えたり，復習することです。

図表12　実学の思想

〈職場実習〉
Empirical
経験（体験）主義
現実＝事実から学ぶ

〈実務〉
〈読み・書き・マナー・コンピュータ〉

Pragmatic
実用主義
プラグマティズム

実学

実用的なことを学ぶ　学んだことは即実行する

〈実行・演習〉

Practical
実践（行動）主義
陽明学

⇩
実力

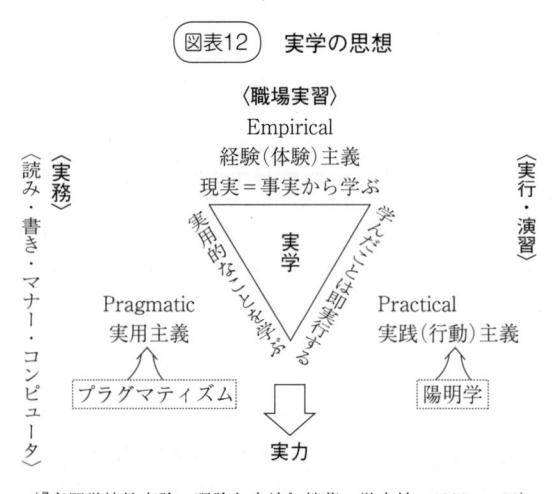

（『専門学校教育論―理論と方法』拙著，学文社，1993，p.32）

以上述べてきた「実学の思想」の源流は，16世紀の中国の思想家・王陽明に求めることができます。王陽明は，「理論のための理論・知識のための知識・研究のための研究」を主張した「朱子学」に対抗して，「実践のための学問研究」を主張し，「知行合一」を唱え，「行動のない知識は罪悪である」とまで言い切った思想家です[2]。我が国では，江戸時代17世紀に紹介されましたが，行動を強調するこの思想は，変革・革命の思想につながることを恐れ，幕府は陽明学を学ぶことを禁止し，「朱子学」を国学として保護しました。その結果，「朱子学」の思想は，現代まで生き残り，アカデミズムや教育の世界をいまだに根強く支配しています。明治維新は，幕府が危惧したとおり，ひそかに陽明学を学んだ地方の下級武士たちが変革を求めて行動し実現した革命でした。まず，中江藤樹，熊沢蕃山，大塩平八郎らが影響を受け，やがて佐久間象山，吉田松陰，高杉晋作，横井小楠，坂本龍馬，西郷隆盛らに大きな影響を与えたのです。戦後では，安岡正篤らが陽明学を研究普及し，政治家や実業人の間に，広まりました。また，作家の三島由紀夫も大きな影響を受け，行動する作家として物議をかもし，ついに市ヶ谷の自衛隊駐屯地に乗り込み，檄をとばして割腹自殺を遂げました。そのためか，陽明学は偏見や誤解にさらされてきましたが，日常の学習と現実の生き方を結びつけ，キャリア形成するうえで役に立つ考え方・思想であると思われます（図表13参照）。

　「実学の思想」のもうひとつの源流は，米国のウイリアム・ジェームズやジョン・デューイらが提唱した「プラグマティズム」です[3]。「プラグマティズム」は，19世紀から20世紀初頭にかけて流布した思想で，我が国では哲学者の西田幾多郎に影響を与え，フッサールの「現象学」にも影響を与えたといわれています。「プラグマティズム」は，個人の経験（純粋経験）を重視し，実際的・実践的有効性や実用的価値を真理の基準とし，やはり行動を尊重する哲学，立場です。また，わかりやすく具体的な日常用語で語ることを尊重した哲学でもあります。米国の大学が日本より実践的であるのは，この思想の伝統が生きているからではないかと推測されます。

36

図表13

日本の陽明学

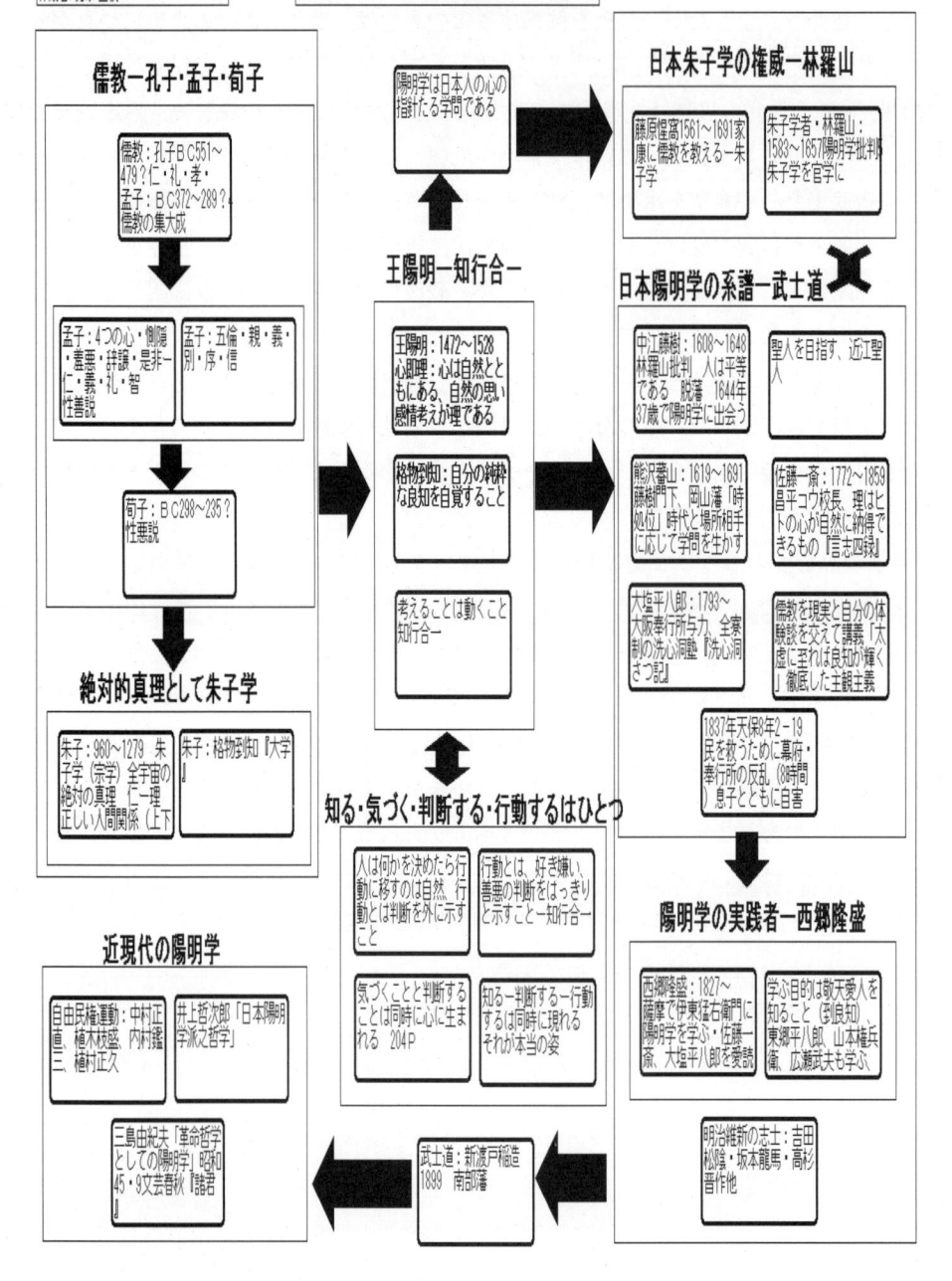

作成日：2010/11/2
場　所：日本教育大学院大学
情報源：長尾剛『論語より陽明学』2010 PHP
作成者：梶原 宣俊

儒教―孔子・孟子・荀子

儒教：孔子 BC551～479？ 仁・礼・孝
孟子：BC372～289？ 儒教の集大成

孟子：4つの心・惻隠・羞悪・辞譲・是非―仁・義・礼・智　性善説

孟子：五倫・親・義・別・序・信

荀子：BC298～235？ 性悪説

絶対的真理として朱子学

朱子：960～1279 朱子学（宗学）全宇宙の絶対の真理「一理」正しい人間関係（上下）

朱子：格物致知『大学』

王陽明―知行合一

陽明学は日本人の心の指針たる学問である

王陽明：1472～1528
心即理：心は自然とともにある、自然の思い感情考えが理である

格物致知：自分の純粋な良知を自覚すること

考えることは動くこと　知行合一

知る・気づく・判断する・行動するはひとつ

人は何かを決めたら行動に移すのは自然、行動とは判断を外に示すこと

行動とは、好き嫌い、善悪の判断をはっきりと示すこと―知行合一

気づくことと判断することは同時に心に生まれる 204P

知る―判断する―行動するは同時に現れる　それが本当の姿

日本朱子学の権威―林羅山

藤原惺窩 1561～1691 家康に儒教を教える―朱子学

朱子学者・林羅山：1583～1657 陽明学批判 朱子学を官学に

日本陽明学の系譜―武士道

中江藤樹：1608～1648 林羅山批判 人は平等である 脱藩 1644年 37歳で陽明学に出会う

聖人を目指す、近江聖人

熊沢蕃山：1619～1691 藤樹門下、岡山藩「時処位」時代と場所相手に応じて学問を生かす

佐藤一斎：1772～1859 昌平コウ校長、理はヒトの心が自然に納得できるもの『言志四録』

大塩平八郎：1793～ 大阪奉行所与力、全家制の洗心洞塾『洗心洞さつ記』

儒教を現実と自分の体験談を交えて講義「太虚に至れば良知が輝く」徹底した主観主義

1837年天保8年2-19 民を救うために幕府・奉行所の反乱（8時間）息子とともに自害

陽明学の実践者―西郷隆盛

西郷隆盛：1827～ 薩摩で伊東猛右衛門に陽明学を学ぶ、佐藤一斎、大塩平八郎を愛読

学ぶ目的は敬天愛人を知ること（到良知）、東郷平八郎、山本権兵衛、広瀬武夫も学ぶ

明治維新の志士：吉田松陰、坂本龍馬、高杉晋作他

武士道：新渡戸稲造 1899 南部藩

近現代の陽明学

自由民権運動：中村正直、植木枝盛、内村鑑三、植村正久

井上哲次郎「日本陽明学派之哲学」

三島由紀夫「革命哲学としての陽明学」昭和45・9 文芸春秋『諸君』

2．経験から学ぶ方法——インターンシップの心構え

「経験から学ぶ方法」というのはこれまで軽視されてきたように思われますが、『経験からの学習―プロフェッショナルへの成長プロセス』（松尾睦，2006，同文舘）によれば、**「学習とは経験によって知識・スキル・信念に変化が生じることであり、経験を変換することをとおして知識を創造するプロセスである」** と述べ、「経験から学ぶ」ことの大切さと学習観の転換を主張しています。その主張を要約し、筆者なりにまとめると図表14のようになります。また、同書では、経験から学ぶには、経験学習を促進する態度として9つの要素が必要であると指摘しています（図表15参照）。

この「経験から学ぶ」ということは、キャリア形成の視点からきわめて重要なことであり、「インターンシップ」やアルバイト、ボランティア経験からおおいに学んでいってほしいと思います。

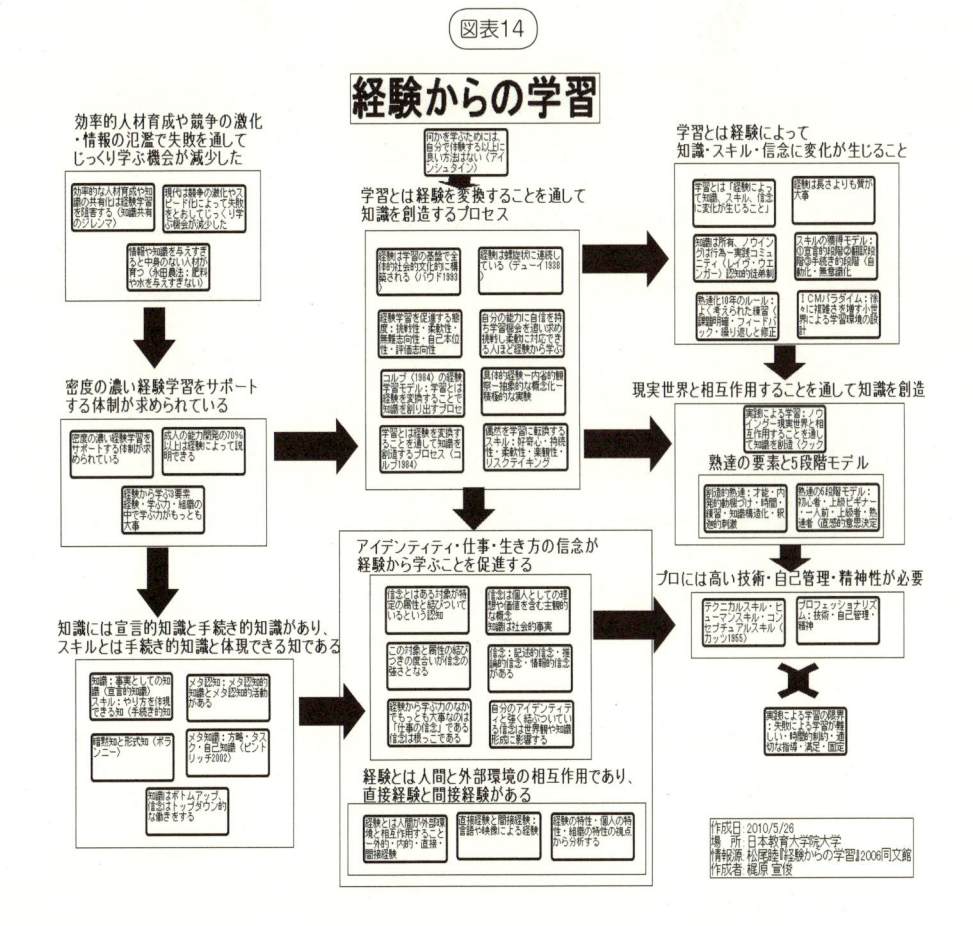

図表14

経験からの学習

図表15

経験から学ぶには―経験学習を促進する態度

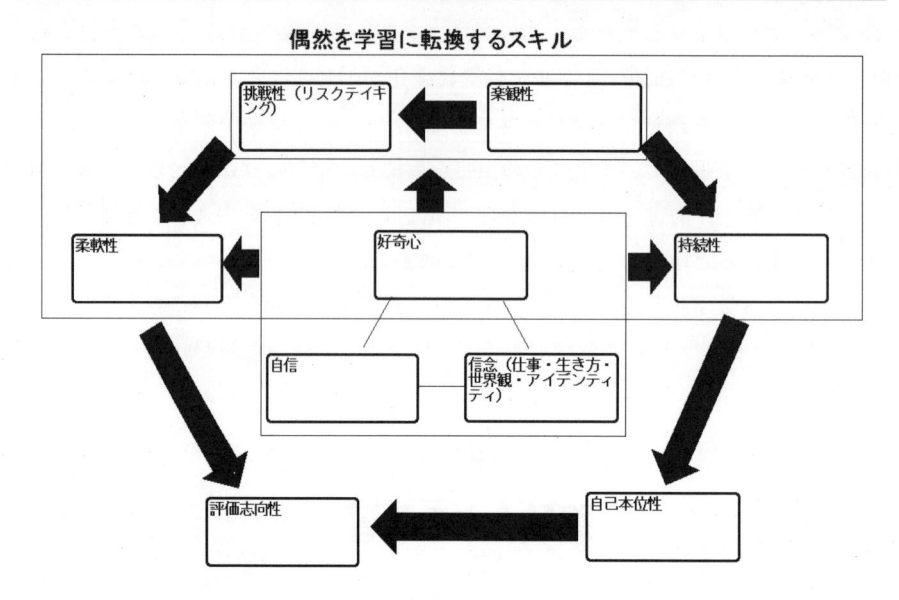

偶然を学習に転換するスキル

- 挑戦性（リスクテイキング）
- 楽観性
- 柔軟性
- 好奇心
- 持続性
- 自信
- 信念（仕事・生き方・世界観・アイデンティティ）
- 評価志向性
- 自己本位性

3．実行力不全――なぜ知識を行動に活かせないのか

　次に，学びと行動の関係の重要性が多少理解されてきたところで，なぜ，若者に限らず現代人は行動力が衰えてきたのかを考えてみたいと思います。2005年に出版された『実行力不全―なぜ知識を行動に活かせないのか』（ジェフリー・フェファー，ロバート・I・サットン，ランダムハウス講談社）という本は，社会人・ビジネスマンを対象にし，米国で出版されたものですが，行動力の弱体化が若者だけではなく，また日本だけではなく，多くの先進国においてもグローバルに広がっていることを示しています。

　ジェフリーたちは，知識を行動に活かせない理由・原因として，「**人間の弱さ**」や「**複雑な評価システム**」「**言葉を行動と錯覚している**」ことなどをあげ，解決策として「**行動を評価するシステム・文化づくり**」の重要性を強調し，知識を行動に変える８つのガイドラインを示しています（図表16参照）。

　根本的な考えは，「**知識は実行してこそ価値がある**」という，前述した実学の思想であり陽明学の思想に酷似しています。

第4章 アクション（行動力訓練） 39

図表16

実行力不全―なぜ知識を行動に活かせないのか

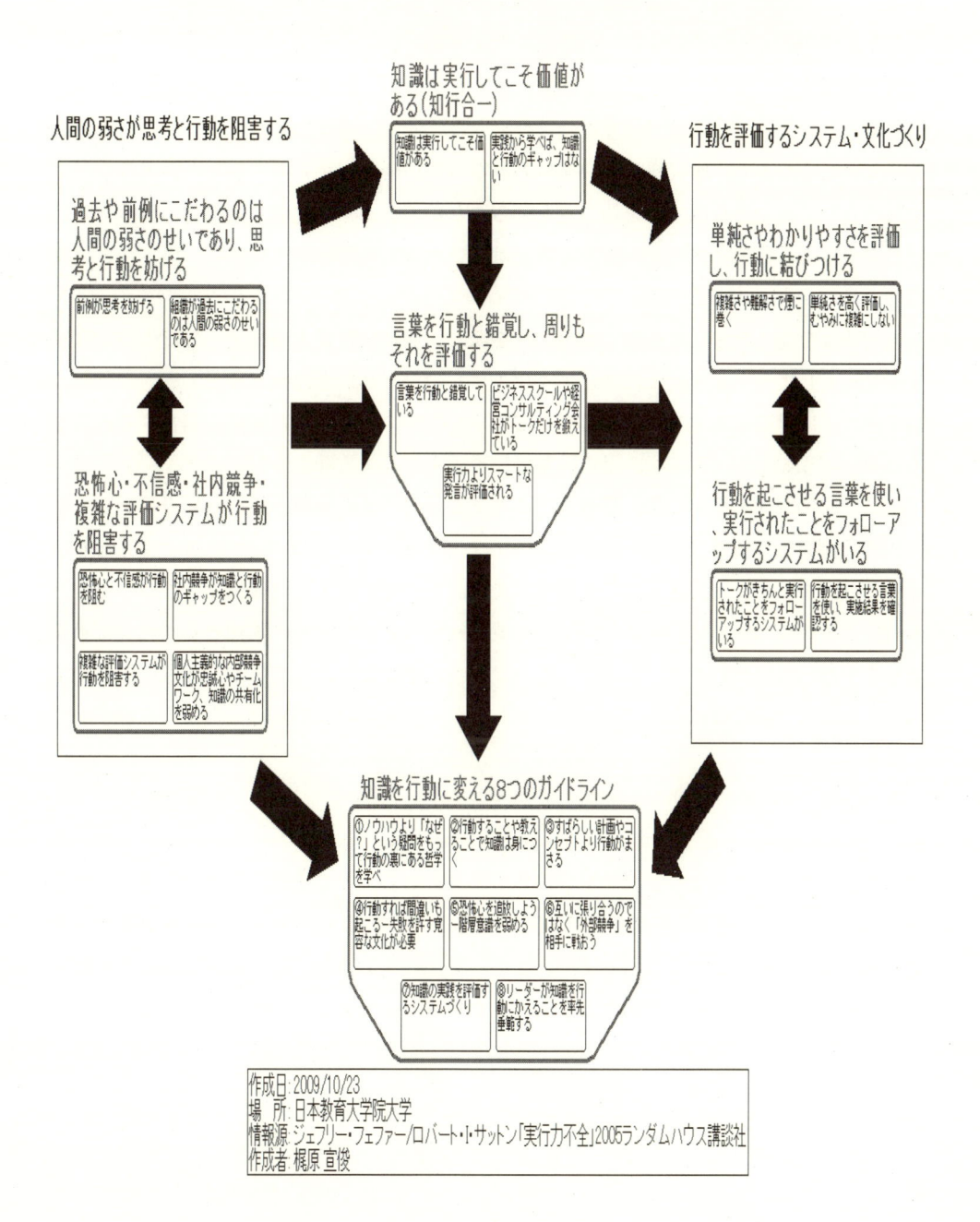

人間の弱さが思考と行動を阻害する

過去や前例にこだわるのは人間の弱さのせいであり、思考と行動を妨げる
- 前例が思考を妨げる
- 組織が過去にこだわるのは人間の弱さのせいである

恐怖心・不信感・社内競争・複雑な評価システムが行動を阻害する
- 恐怖心と不信感が行動を阻む
- 社内競争が知識と行動のギャップをつくる
- 複雑な評価システムが行動を阻害する
- 個人主義的な内部競争文化が忠誠心やチームワーク、知識の共有化を弱める

知識は実行してこそ価値がある（知行合一）
- 知識は実行してこそ価値がある
- 実践から学べば、知識と行動のギャップはない

言葉を行動と錯覚し、周りもそれを評価する
- 言葉を行動と錯覚している
- ビジネススクールや経営コンサルティング会社がトークだけを鍛えている
- 実行力よりスマートな発言が評価される

行動を評価するシステム・文化づくり

単純さやわかりやすさを評価し、行動に結びつける
- 複雑さや難解さで煙に巻く
- 単純さを高く評価し、むやみに複雑にしない

行動を起こさせる言葉を使い、実行されたことをフォローアップするシステムがいる
- トークがきちんと実行されたことをフォローアップするシステムがいる
- 行動を起こさせる言葉を使い、実施結果を確認する

知識を行動に変える8つのガイドライン
①ノウハウより「なぜ？」という疑問をもって行動の裏にある哲学を学べ
②行動することや教えることで知識を身につける
③すばらしい計画やコンセプトより行動がまさる
④行動すれば間違いも起こる―失敗を許す寛容な文化が必要
⑤恐怖心を追放しよう―階層意識を弱める
⑥互いに張り合うのではなく「外部競争」を相手に戦おう
⑦知識の実践を評価するシステムづくり
⑧リーダーが知識を行動にかえることを率先垂範する

作成日：2009/10/23
場　所：日本教育大学院大学
情報源：ジェフリー・フェファー／ロバート・I・サットン「実行力不全」2005ランダムハウス講談社
作成者：梶原 宣俊

4．腹式呼吸法・発声練習・挨拶・マナー訓練

　ここで，以上のような，実学の思想・実力の思想を理解し，認識を深めたうえで，行動訓練として，腹式呼吸法・発声練習・挨拶・マナー訓練に入ります。この内容は，学んだことを即休憩時間から実行するという内容にふさわしいものです。

　腹式呼吸法は，胸式と違って，鼻から大きく息を吸い，口からゆっくり時間をかけて吐き出すという方法です。腹が，息を吸ったときはふくれ，吐き出したときにへこむことを体で覚えてください。腹式呼吸は，発声のみならず，緊張したときや眠れないときなどにも役に立ち，深い呼吸は，心を落ち着かせることができます。就職の面接前に緊張を和らげるためにやると効果的です。腹式呼吸法は，日本の伝統的呼吸法であり，座禅から武芸，芸能の基本でもあります。

　腹式呼吸を覚えたら，息を吐くときに声を発し，発声練習に入ります。下記の発声練習を全員起立して行います。ここで「アイウエオ」の口の形にも注意しましょう。最近は，口を開けずに早口で話す若者が増えているようなので，ハキハキと明瞭に発音する練習を繰り返し行うことが大事です。早口言葉で，滑舌をよくする練習も行います。

　次に，挨拶訓練を行います。筆者は，これまで毎回授業の始めと終わりに全員起立をして挨拶訓練を行ってきました。始めは「よろしくお願いいたします」，終わりは「ありがとうございました」と大きな声で挨拶をします。かつて，新入社員研修でよくやっていたものですが，これからは大学においても必要な社会人としての基礎訓練として大いに導入すべきであると思われます。ここで，もうひとつ大事なことは，姿勢や歩き方の訓練です。昔はこのような躾教育は家庭で行っていましたが，現在は学校でもっと力を入れるべきでしょう。

　森信三は，「立腰」と呼んで姿勢の重要さを強調した教育哲学者，実践者でした[4]。「腰骨を立てる」ことによって，座る・立つ・歩くときの姿勢がすっきりと美しく見えるようになります。このような教育を軽視する向きもあるようですが，筆者は，キャリア教育（学習）の原点，社会人基礎力の原点としてきわめて大事だと考えています。また，企業が求める能力のひとつでもあります。この「形から入る教育」は，我が国の伝統的教育法でもあり，現在でもその有効性はまったく変わっていないと思われます。

〈発声練習〉

　　アエイウエオアオ，カケキクケコカコ
　　サセシスセソサソ，タテチツテトタト
　　ナネニヌネノナノ，ハヘヒフヘホハホ
　　マメミムメモマモ，ヤエイユエヨヤヨ
　　ラレリルレロラロ，ワエイウエオワオ
　　ガゲギグゲゴガゴ，ザゼジズゼゾザゾ
　　ダデヂヅデドダド，バベビブベボバボ

〈早口ことば〉

・ナマムギナマゴメナマタマゴ
・老若男女（ロウニャクナンニョ）
・隣の客はよく柿食う客だ
・赤パジャマ黄パジャマ茶パジャマ
・青巻紙赤巻紙黄巻紙

【チェックポイント】
腹式呼吸による大きな声で，はっきりと発音できるまで繰り返し練習を行います。

注
1）拙著『専門学校教育論―理論と方法』学文社，1993，pp.26～42
2）陽明学は現在でも企業人に人気があり，文献もたくさんある。お勧めは『陽明学十講』（安岡正篤，明徳出版社，1981），『論語より陽明学』（長尾剛，PHP，2010），また，実学関連では，『実学キャリア入門―社会人力を体感する』（有田五郎他，学文社，2009），『実学のすすめ』（中山茂，有斐閣，1987）がある。
3）参考文献は，『経験と教育』（J・デューイ，講談社，2004）
4）森信三（1896～1992）は，哲学者・教育者で，「人生二度なし」の真理を根本信条として「全一学」（世界観と人生観の統一学）を提唱した。「学びと生活行動」の一致，統合を実践，主張し，「キャリア教育（学習）」のさきがけといえる。「挨拶をすること・紙くずを拾うこと・履物をそろえること・（トイレ）掃除をすること・ハガキを書くこと」など当たり前のことを励行する大切さを説き続けた。『森信三・魂の言葉―二度とない人生を生き抜くための365話』（寺田清一編，PHP研究所，2005）を参照。

第5章
シンキング（思考力訓練）
―考えることは読む・聴く・書く・話すこと―

　シンキング・思考力もまた，行動力とともに弱体化しているといわれている能力です。マスメディアの情報に翻弄されることなく，自分の頭や言葉でじっくり考える力が求められています。これは，学校教育が基本的に「考える・表現する」という教育をおろそかにしてきたことも一因かもしれません。

　思考力訓練は，日常的に「自分の頭と言葉で考える」という習慣を身につけることをめざします。特に注意すべきことは，最近のテレビやゲーム，マスメディアなどを無批判的に受け入れて行動していると，ますます「考えない」習慣がついてきます。

　高度情報社会における「シンキング」は，まず「情報リテラシー・情報活用力」からスタートするといってよいでしょう。膨大な情報のなかから，自分にとって価値があると考える情報を選択収集し，加工分析して活用するという情報活用力を高め，さらに日本語表現力を豊かにし，読解力を高めていくことが大事になります。「考える・シンキング」は，「読む・聴く・書く・話す」ことと密接な関連があり，「脳と記憶」とも深く関連しています。

1.「読む・聴く・考える・書く・話す」能力の関係構造

　「考える」ということはどうすることでしょうか。考えてみてください。

　私たちは，言語やイメージ，これまでの経験等を総動員して「考え」ています。また，「話を聴いたり，本を読んだり，いろいろなことを観たり体験する」ことによって，「脳で考え」，その結果を「書いたり，話したりして行動」しています。つまり，前半部分「読む・聴く」は「学ぶ」という「インプット」であり，ブラックボックスである「脳」で考えたことを「書いたり，話したりして行動」することは，「アウトプット」しているということになります。したがって，「インプット」（読む・聴く）なくして，「考える」ことも「表現・行動する」ことも不可能といえるでしょう。「インプットなくしてアウトプットなし」つまり，「考える」ことや「表現・行動する」ことが苦手という人は，「インプット」（読む・聴くという学び）が足りないということになります。

　以上述べたことを，「学び・自己表現・コミュニケーション」という視点から図解すれば次のようになります（図表17参照）。

図表17

学び・自己表現・コミュニケーションの関係構造

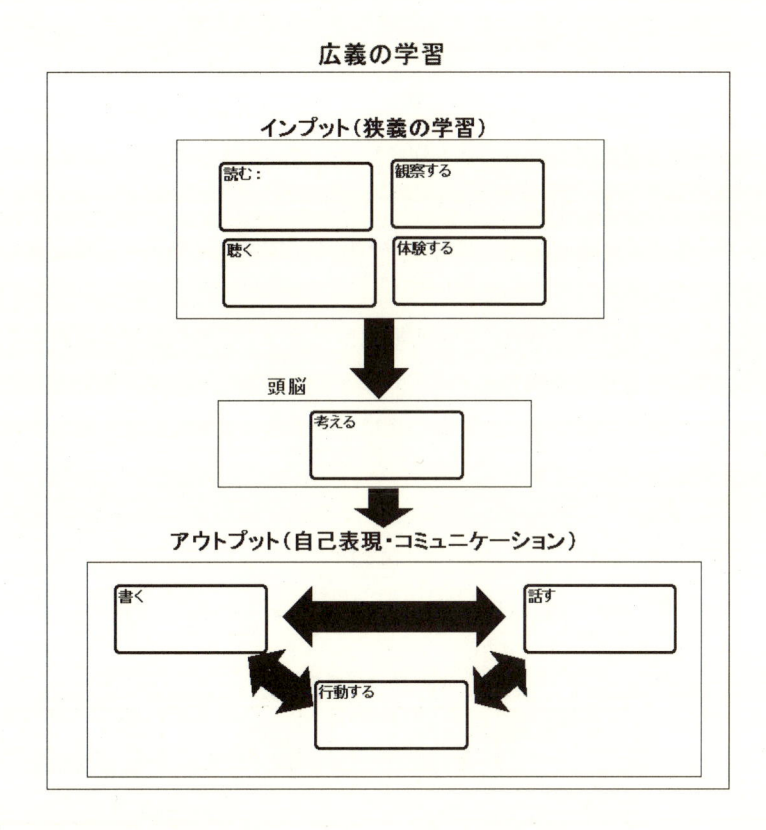

広義の学習

- インプット（狭義の学習）
  - 読む
  - 観察する
  - 聴く
  - 体験する

- 頭脳
  - 考える

- アウトプット（自己表現・コミュニケーション）
  - 書く
  - 話す
  - 行動する

2．脳と記憶と思考と表現

　次に，「学び・自己表現・コミュニケーション」を脳との関連で，考えてみましょう。脳の記憶構造について，三木光範は「最新の脳科学と人工知能研究の成果，及びシステム工学から得られた科学的事実に基づき展開した脳の記憶の三段階構造論」[1]を主張しています。

　三木によれば，脳の記憶には，①感覚記憶，②短期記憶，③長期記憶の三段階があり，感覚記憶は瞬時にして（数秒で）消え去る（忘れる）といっています。したがって，「問題意識」がとても重要で，問題意識があって初めて，感覚記憶から短期記憶へと送られることになります。ところが，この短期記憶もまた数分で消え去る（忘れる）といいます。ここで重要な事実は，短期記憶は容量がきわめて小さいということで，したがって，「メモ

する」(書く・記録する) という作業が思考にとって必要不可欠であると強調しています。メモし，記録する (外部化) ことによって，初めて人間は思考することができるということになります。三木の表現によれば「暗黙知の形式知への変換」[2]ということになります。次に，メモした情報を分析し整理し思考し復唱し表現 (書く・話す) することによって，情報は知識となり長期記憶に送られます。この長期記憶は，容量が大きいのでいくらでも蓄積できるといいます。この脳の記憶構造とプロセスは，「情報リテラシー」や「日本語リテラシー・自己表現の技術」とも深く関連しています。つまり，問題意識―情報の選択収集記録―加工分析―伝達表現という「情報リテラシー」(情報の読み書き・活用力) のプロセスがそのまま，感覚記憶・短期記憶・長期記憶のプロセスにも対応しているといえます。

　私たちが「学ぶ」意味は，感覚記憶や短期記憶ではなく，長期記憶に蓄積することにあるのではないでしょうか。そのためには，「問題意識や書く・話す・考える」ことが必要不可欠なのです。以上述べてきたことを，次に紹介する「読解図解法」との関連で，図解すれば図表18のようになります。

(図表18)

読解図解法と脳・記憶・思考・表現

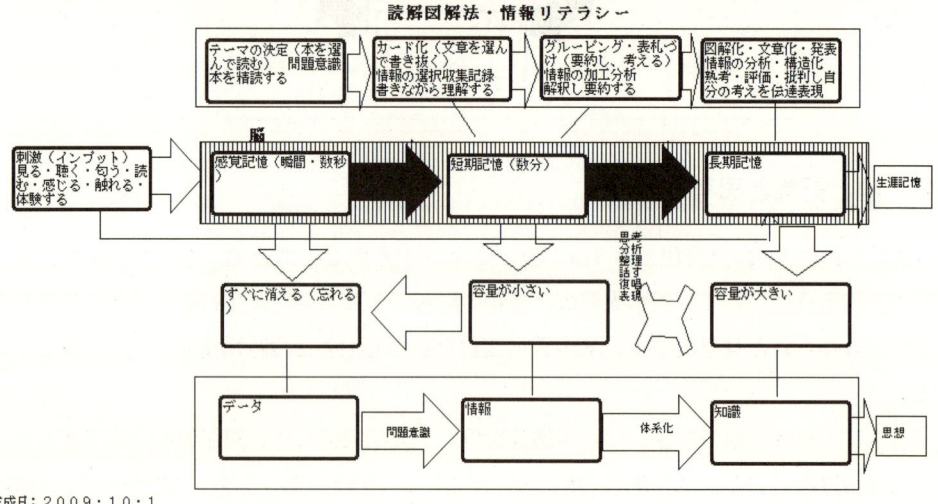

読解図解法・情報リテラシー

| テーマの決定 (本を選んで読む) 問題意識 本を精読する | カード化 (文章を選んで書き抜く) 情報の選択収集記録 書きながら理解する | グルーピング・表札づけ (要約し，考える) 情報の加工分析 解釈し要約する | 図解化・文章化・発表 情報の分析・構造化 熟考・評価・批判し自分の考えを伝達表現 |

脳

刺激 (インプット) 見る・聴く・匂う・読む・感じる・触れる・体験する → 感覚記憶 (瞬間・数秒) ⇒ 短期記憶 (数分) ⇒ 長期記憶 — 生涯記憶

思考 分析 整理 復唱 表現

すぐに消える (忘れる) ← 容量が小さい ／ 容量が大きい

データ —問題意識→ 情報 —体系化→ 知識 → 思想

作成日：2009・10・1
場　所：自宅
情報源：三木光範「理系発想の文章術」2002講談社
作成者：梶原宣俊

3.「PISA 型読解力」を育成する「読解図解法」

(1)「PISA 型読解力」の定義のとらえ方

ここで最近話題になっている「PISA 型読解力」との関連で、思考訓練法としての「読解図解法」について述べます。

PISA とは、Programme for International Student Assesement の略で、OECD（経済協力開発機構）が2000年から3年ごとに実施している国際的学習到達度調査（15歳対象）のことです。

日本は、2000年の第1回 PISA 調査で32カ国中、数学リテラシーで1位、読解力で8位、科学リテラシーで2位でした。ところが、2003年7月の第2回 PISA 調査では数学が10位、読解力が14位、科学が5位の結果となり、「学力低下」が大きく報道され、文科省は学習指導要領全体の見直し、教員の指導力向上、全国学力調査などの改善策を「PISA 型読解力」の向上に力をいれてきました。

日本の子どもたちの学力は、「数学的リテラシー」「科学的リテラシー」「問題解決能力」の得点についてはいずれも1位の国とは大差がなかったのですが、特に「読解力」の得点が大きく低下していることが危機感を抱かせました。そこで文科省は国立教育政策研究所と協力し「ワーキンググループ」をたちあげ、「読解力向上プログラム」をまとめ、5つの重点戦略を積極的に推進しようとしています。文科省は、この能力を育成するため各学校で求められる改善の具体的な方向として、①テキストを理解・評価しながら読む力を高める取り組みの充実、②テキストに基づいて自分の考えを書く力を高める取り組みの充実、③さまざまな文章や資料を読む機会や、自分の意見を述べたり書いたりする機会の充実の3つの目標をあげています。

「PISA 型読解力」とは、「自らの目標を達成し、自らの知識と可能性を発達させ、効果的に社会に参加するために、書かれたテキストを理解し、利用し、熟考する能力」と定義されています。PISA 調査の「読解力」は「Reading Literacy」の訳で、我が国の国語教育で用いられてきた「読解力」とは大きく異なっており、きわめて幅広い内容を含んでいます。つまり、「読む力」だけでなく、「書く力」や「考える力」「話す力」「生きる力」「活用する力」などを含んでいるのです。換言すれば、解釈・熟考・評価や自分の意見を論理的に述べる能力などが含まれているのです。

この「PISA 型読解力」は、筆者がこれまで関心をもち研究実践、発表してきた「情報リテラシー教育の理論と方法」や「自己表現力」「日本語リテラシー」の考えに限りなく近く、「読解図解法」とも深い関連を有しています。

(2)「情報リテラシー・日本語リテラシー」と「PISA型読解力」

「情報リテラシー」とは，1980年代，我が国の情報化社会が進展する過程で普及してきた言葉で，筆者はその時期からこの言葉に注目し，「情報リテラシー能力の育成法」を考え実践してきました。

「情報リテラシー」とは「情報社会を生きるための基本的読み書き能力」のことであり，氾濫する情報のなかから自分の問題意識・好奇心・関心分野に基づき，情報を選択収集し，加工分析して活用する能力のことです。文部省や通産省も1990年ごろから「情報活用能力」や「情報リテラシー」という言葉を使用し力を入れてきました。その結果，学校教育や社会教育，企業内教育等の分野で幅広く普及してきました。一方，「日本語リテラシー」は大学生の基礎学力低下問題に対応して，1990年後半から注目され，近年「日本語リテラシー」や「日本語表現」等の授業が大学で行われ，普及してきています。2005年には「日本リメディアル教育学会（JADE）」が設立され，「学生の学びの基礎となる日本語力を身につけさせることを目的」に活動を開始しました。これらは，日本語の「読み書き話す」というPISA型読解力と共通する基本的能力を向上させるための授業です。この「情報リテラシー・日本語リテラシー（自己表現力）」の能力育成は，「PISA型読解力」の育成や「脳と記憶と思考と表現」とも深く関連していることは先に述べたとおりです。

4．読解図解法の演習

それでは，読解図解法の演習を行います。各自，自分の好きな本，これまで読んだなかでもっとも感銘を受けた本（漫画・小説以外）を選んで，大事なこと，印象に残ったことなどを書いた20枚前後のカードを作成します。以下の読解図解法の手順（グルーピング，表札づけ，図解のやり方）にしたがって図解化し，レポート・書評を書いていただきます。図表19を参考にして作成してください。

〈読解図解法の手順〉

それでは，「読解図解法」の手順を「PISA型読解力」との関連で述べていきます。この方法は，第9章の自己キャリア分析図解でも使いますので，よく覚えて体得しておいてください。

①まず本を読みながら，大事だと思うこと，共感したこと，疑問に思うこと，反対と思う箇所などに赤線をひく。これはすでに多くの人がやっていることですが，「情報リテラシー」的には自分の問題意識・関心に基づき情報を選択することです。PISA型読解力では熟考しながら評価することです。

第5章　シンキング（思考力訓練）　47

図表19 読解図解法による読書　見本

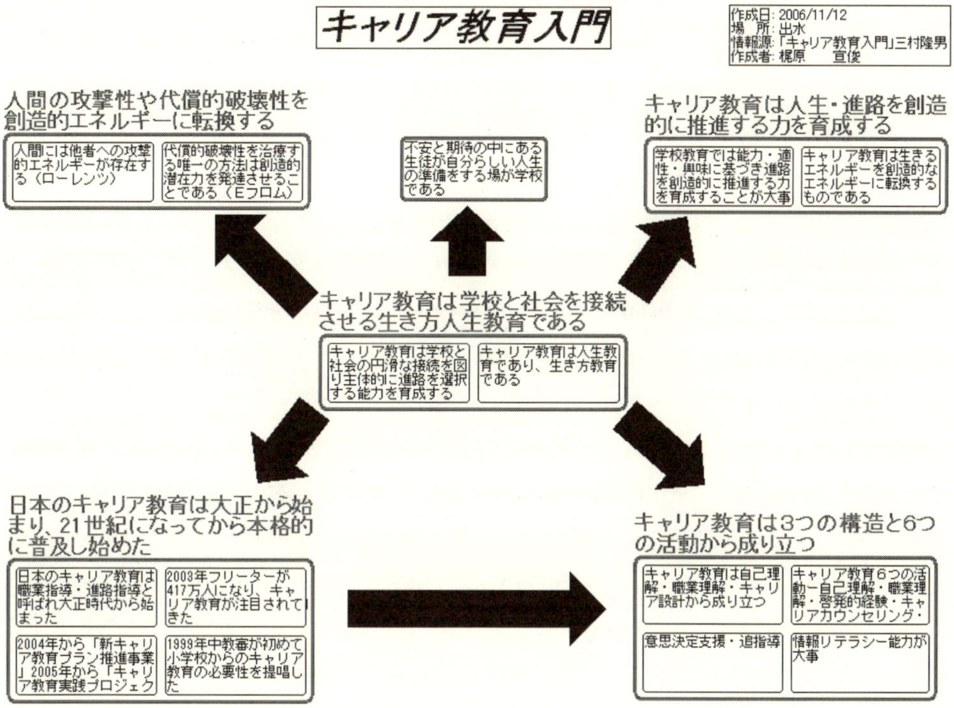

キャリア教育入門

作成日：2006/11/12
場　所：出水
情報源：「キャリア教育入門」三村隆男
作成者：梶原　宣俊

人間の攻撃性や代償的破壊性を創造的エネルギーに転換する
- 人間には他者への攻撃的エネルギーが存在する〈ローレンツ〉
- 代償的破壊性を治療する唯一の方法は創造的潜在力を発達させることである〈Eフロム〉

不安と期待の中にある生徒が自分らしい人生の準備をする場が学校である

キャリア教育は人生・進路を創造的に推進する力を育成する
- 学校教育では能力・適性・興味に基づき進路を創造的に推進する力を育成することが大事
- キャリア教育は生きるエネルギーを創造的なエネルギーに転換するものである

キャリア教育は学校と社会を接続させる生き方人生教育である
- キャリア教育は学校と社会の円滑な接続を図り主体的に進路を選択する能力を育成する
- キャリア教育は人生教育であり、生き方教育である

日本のキャリア教育は大正から始まり、21世紀になってから本格的に普及し始めた
- 日本のキャリア教育は職業指導・進路指導と呼ばれ大正時代から始まった
- 2003年フリーターが417万人になり、キャリア教育が注目されてきた
- 2004年から「新キャリア教育プラン推進事業」2005年から「キャリア教育実践プロジェクト」
- 1999年中教審が初めて小学校からのキャリア教育の必要性を提唱した

キャリア教育は3つの構造と6つの活動から成り立つ
- キャリア教育は自己理解・職業理解・キャリア設計から成り立つ
- キャリア教育6つの活動―自己理解・職業理解・啓発的経験・キャリアカウンセリング・
- 意思決定支援・追指導
- 情報リテラシー能力が大事

②読了したら，その箇所を30～40文字の一文章で1枚のカードに転記します。このプロセスは「書く」ことにより「理解」や「考え」が深まることになり，記憶にも残りやすくなります。

③転記したカード（何枚でもよいができるだけ厳選し，枚数を最小限にしたほうがこれからの作業がやりやすい）を模造紙の上に並べ，1枚ずつよく熟読してから「共通性・類似性」に基づきグルーピングしてクリップでとめます。2～3枚が理想的で，多くても4～5枚が限度です（枚数を多く集めると大雑把な分類になり，表札が抽象的になりやすい）。グルーピングできないカードは1枚で残しておきます。無理やりグルーピングしないことが大事です。このプロセスは「推論」や「解釈」にあたります。

④クリップでとめたカードを熟読しながら，新しい1枚のカードに要約して赤字で文章として表現します。できるだけ具体的に，わかりやすく文章化します。このプロセスは「要約力」や「簡潔な表現力」の訓練になります。

⑤表札づくりが終了したら表札を一番上にしてクリップでとめ，残っていた1枚と一緒にして再びグルーピングと表札づくりの作業を繰り返します。今度は青字で表札をつ

け，輪ゴムでとめます。これを1～2回繰り返すと4～5束と数枚のカードに集約されます。

⑥模造紙上に束を並べ，関連を考えながら配置します。このプロセスは「論理的思考力」や「大局的構造的思考力」の訓練になります。配置が決定したら，束になったカードをばらし，貼り付けて，青字でつけた最後の表札はマジック（サインペン）で転記します。残された1枚のカードはもっとも関連があると思う島（束）の近くに貼り付けます。次に，島同士の関連を関係線（因果，相互，対立）で図示します。最後に，日付・本のタイトル・著者・出版年・出版社・自分の氏名を記入したら図解完成です。

⑦図解が完成したら，口頭発表と文章化（レポート，書評）を行います。このプロセスは「要約と同時に，自分の考えを論理的に述べる」話し方やプレゼンテーション能力の訓練になります。

図解が完成したら，数人に発表してもらいます。この体験により，より深く本を読むことができるようになり，その内容を構造化することにより，本の内容を血肉化することができます。自分の疑問や意見を新しいカードに書いて後から貼り付けることも可能です。文章化（1000字前後）は各自，自宅でやってください。「書く」ことと「話す」ことの違いを体験できます。「話す」ほうが簡単で，「書く」ほうが難しいことも実感できるでしょう。

前述した三木の表現によれば，「読解図解法」の「表札づけ（見出しづくり）」とは「知識の創成」ということになり，「思考するときには個別の概念を上位の包括的な概念に置き換え，短期記憶にはいるように縮小すべきだ」ということに対応しています。さらに，三木は「主語と述語を決めることは物事の関係を正確に規定することにつながる」と主張していますが，「カードづくり」では主語と述語を明確に表現した文章にすることの意味・根拠につながっています。「読解図解法」は本の内容を論理的に構造化，イメージ化することであり，三木の表現によれば「二次元化」することにあります。三木によれば，「文章化，書くということは短期記憶を外部化し，思考を深め，他人に伝達する一次元のメディアであり，図表は二次元のメディアとしてさらに説得力，伝達力を増す」ということになります。「読解図解法」の一連の作業プロセスは，短期記憶から長期記憶に送るための有効な技法であり，同時に情報リテラシー能力や自己表現力育成のプロセスそのものであることを示唆しています。

以上の作業をやることにより「読解力―熟考・評価・批判・表現」が育成され，「PISA型読解力」を育成することが可能であると考えられます。この授業で使っている「カード式情報リテラシー授業法」と「読解図解法」と「PISA型読解力」「日本語リテラシー」「脳の記憶段階」などと関連づけて総合的に図解すれば次のようになります（図表20参照）。

第5章 シンキング（思考力訓練） 49

図表20

カード式情報リテラシー授業法と読解図解法と日本語リテラシーの関係構造

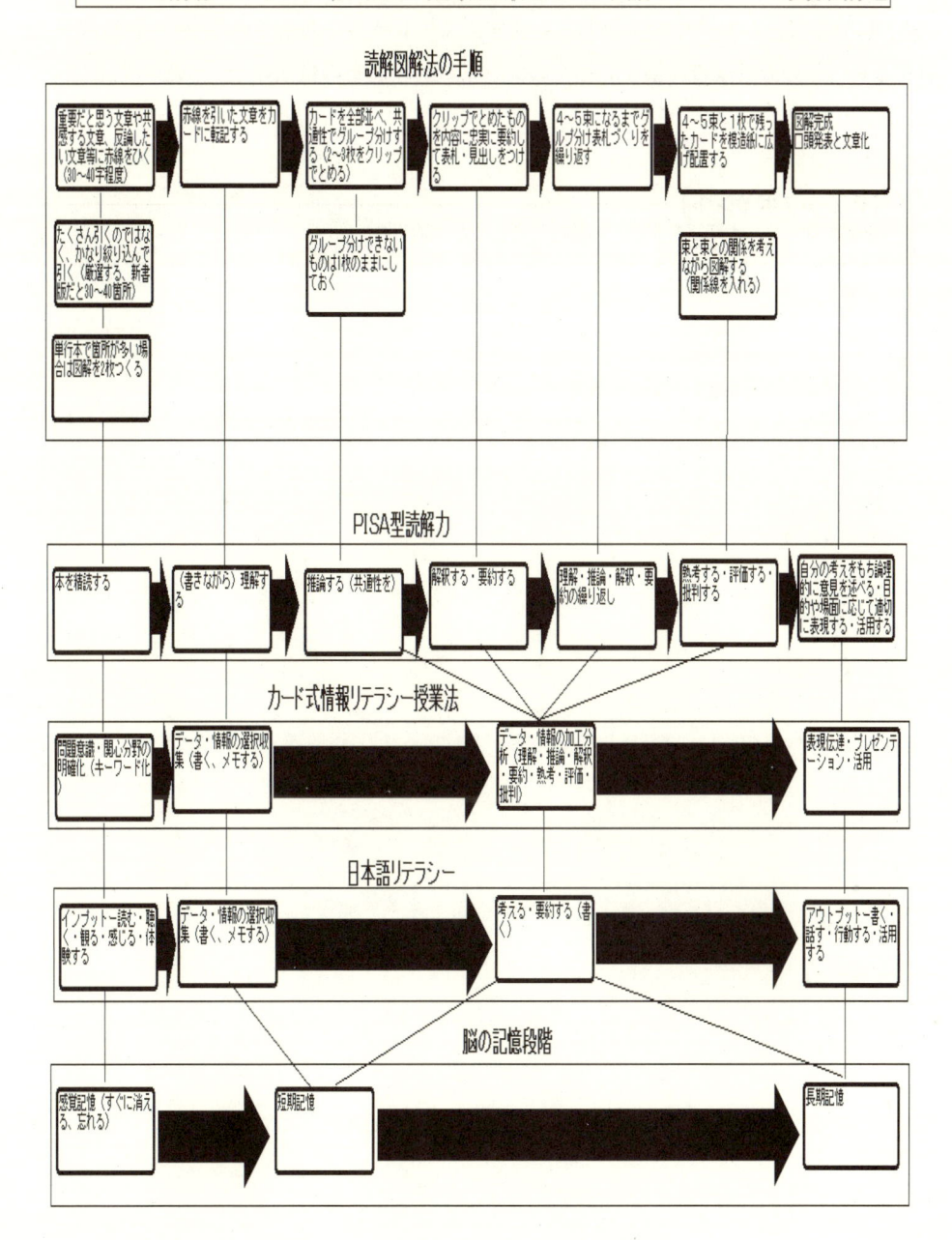

読解図解法の手順

| 重要だと思う文章や共感する文章、反論したい文章等に赤線をひく（30～40字程度） | → | 赤線を引いた文章をカードに転記する | → | カードを全部並べ、共通性でグループ分けする（2～3枚をクリップでとめる） | → | クリップでとめたものを内容に忠実に要約して表札・見出しをつける | → | 4～5束になるまでグループ分け表札づくりを繰り返す | → | 4～5束と1枚で持ったカードを構造的に広げ配置する | → | 図解完成・口頭発表と文章化 |

- たくさん引くのではなく、かなり絞り込んで引く（厳選する、新書版だと30～40箇所）
- 単行本で箇所が多い場合は図解を2枚つくる
- グループ分けできないものは1枚のままにしておく
- 束と束との関係を考えながら図解する（関係線を入れる）

PISA型読解力

本を精読する → （書きながら）理解する → 推論する（共通性を） → 解釈する・要約する → 理解・推論・解釈・要約の繰り返し → 熟考する・評価する・批判する → 自分の考えをもち論理的に意見を述べる・目的や場面に応じて適切に表現する・活用する

カード式情報リテラシー授業法

問題意識・関心分野の明確化（キーワード化） → データ・情報の選択収集（書く、メモする） → データ・情報の加工分析（理解・推論・解釈・要約・熟考・評価・批判） → 表現伝達・プレゼンテーション・活用

日本語リテラシー

インプット―読む・聞く・観る・感じる・体験する → データ・情報の選択収集（書く、メモする） → 考える・要約する（書く） → アウトプット―書く・話す・行動する・活用する

脳の記憶段階

感覚記憶（すぐに消える、忘れる） → 短期記憶 → 長期記憶

最後に，読書の大切さと読み方を具体的に論じた『本を読む本』（M.J. アドラー，C.V. ドーレン，講談社，1997）を紹介します。初版は1940年ですが，マスメディアが思考を阻害することを指摘し，読書のレベルを４段階（初級読書・点検読書・分析読書・シントピカル読書）に分けて，わかりやすく論じています。このレベルに対応させると，「読解図解法」は第３レベルの分析読書，第４レベルのシントピカル読書の技法のひとつといえるでしょう（図表21参照）。

---【チェックポイント】---
　　読書の楽しさ・大切さを実感・体験させることが重要である。

注
1）三木光範『理系発想の文章術』講談社，2002
2）「暗黙知」とは，マイケル・ポランニーが『暗黙知の次元』（筑摩書房，2003）で主張したもので「言語化できない包括的な知」をさしている。

第5章 シンキング（思考力訓練）

図表21

本を読む本

作成日：2011/2/9
場　所：日本教育大学院大学
情報源：M. J. アドラー、C. V. ドーレン『本を読む本』1997講談社、初版1940
作成者：梶原 宣俊

マスメディアが思考を阻害している

- マス・メディアの発達、情報過多は理解の妨げになっている
- マス・メディアが自分の頭でものを考えなくても良い仕掛けになっている

読む技術と書く技術、聴く技術と話す技術は相関関係にある

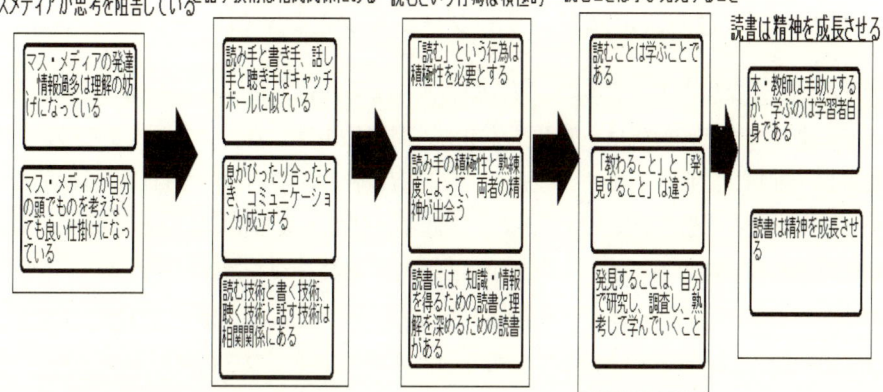

- 読み手と書き手、話し手と聴き手はキャッチボールに似ている
- 息がぴったり合ったとき、コミュニケーションが成立する
- 読む技術と書く技術、聴く技術と話す技術は相関関係にある

読むという行為は積極的

- 「読む」という行為は積極性を必要とする
- 読み手の積極性と熟練度によって、両者の精神が出会う
- 読書には、知識・情報を得るための読書と理解を深めるための読書がある

読むことは学び発見すること

- 読むことは学ぶことである
- 「教わること」と「発見すること」は違う
- 発見することは、自分で研究し、調査し、熟考して学んでいくこと

読書は精神を成長させる

- 本・教師は手助けするが、学ぶのは学習者自身である
- 読書は精神を成長させる

本の読み方：読書のレベル

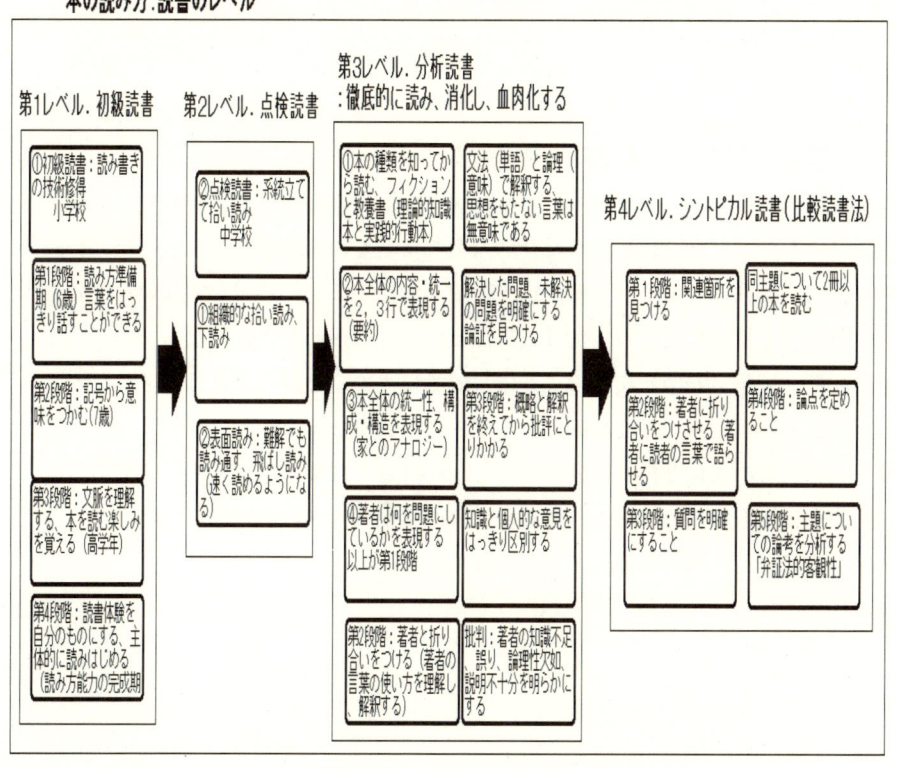

第1レベル．初級読書

- ①初級読書：読み書きの技術修得 小学校
- 第1段階：読み方準備期（6歳）言葉をはっきり話すことができる
- 第2段階：記号から意味をつかむ（7歳）
- 第3段階：文脈を理解する、本を読む楽しみを覚える（高学年）
- 第4段階：読書体験を自分のものにする、主体的に読みはじめる（読み方能力の完成期）

第2レベル．点検読書

- ②点検読書：系統立てて拾い読み 中学校
- ①組織的な拾い読み、下読み
- ②表面読み：難解でも読み通す、飛ばし読み（速く読めるようになる）

第3レベル．分析読書：徹底的に読み、消化し、血肉化する

- ①本の種類を知ってから読む、フィクションと教養書（理論的知識本と実践的行動本）
- 文法（単語）と論理（意味）で解釈する、思想をもたない言葉は無意味である
- ②本全体の内容・統一を2、3行で表現する（要約）
- 解決した問題、未解決の問題を明確にする論証を見つける
- ③本全体の統一性、構成・構造を表現する（家とのアナロジー）
- 第3段階：概略と解釈を終えてから批評にとりかかる
- ④著者は何を問題にしているかを表現する 以上が第1段階
- 知識と個人的な意見をはっきり区別する
- 第2段階：著者と折り合いをつける（著者の言葉の使い方を理解し、解釈する）
- 批判：著者の知識不足、誤り、論理性欠如、説明不十分を明らかにする

第4レベル．シントピカル読書（比較読書法）

- 第1段階：関連箇所を見つける
- 同主題について2冊以上の本を読む
- 第2段階：著者に折り合いをつけさせる（著者に読者の言葉で語らせる）
- 第4段階：論点を定めること
- 第3段階：質問を明確にすること
- 第5段階：主題についての論考を分析する「弁証法的客観性」

第6章

チームワーク（集団力）
―リーダーシップ・人間関係力・協働力が大事―

1．グループの意思決定演習：リーダーシップとフォロワーシップ

　皆さんがどんな生き方をするか，どんな行動をとるかは，皆さんがもっている価値観によって決まります。価値観は，勉強や仕事，人間関係をはじめとして，皆さんの人生全体を規制し，抑制し，形成します。つまり，価値観は皆さんの内面的な自己と外面的なパーソナリティ（人格）とを創り上げながら，生涯キャリア形成していくことになります。

　次にあげた価値観のなかから，自分が重要と思う順に5つを選んでください。

　ベスト5を選び，グループごとに討議してください。そして，15～20分間で，グループとしての結論，ベスト5を決定してください。人生には多くの選択肢があり，すべてを選ぶことはできません。ひとつを選ぶということは，そのほかは捨てる，あきらめるということです。また，常に「優先順位」を決めるということも人生においてきわめて重要なことです。簡単に妥協することなく討議してください。前もって何も決めずに討議にはいってください。[1]

①　人はすべて平等に扱われるべきである。
②　人は信仰をもつべきである。
③　うそをついたり，物を盗んだり，人をだましてはいけない。
④　他人を犠牲にして，自分の物質的欲望を満たすことに熱中してはいけない。
⑤　職場でも社会生活でも，女性と男性とは平等に扱わなければならない。
⑥　死刑，戦争，安楽死などのように，故意に人の命を断つことは許されない。
⑦　社会の規則やルールは賛成でなくても守らねばならない。
⑧　人は自分の肉体と精神に責任をもち，心身ともに健康に留意すべきである。
⑨　家庭は社会の核心であり，両親や家庭の幸福に心がけねばならない。
⑩　国家は老人，弱者の面倒をみるべきである。

〈私の優先順位〉

第1位	
第2位	
第3位	
第4位	
第5位	

　この体験学習により，集団で意見を統一することの難しさを実感できたと思います。人間は一人で生きてゆくことはできず，社会のさまざまな集団のなかで生きてゆくしかありません。人はそれぞれ違った環境で育ちますので，意見が違うことのほうが多いのです。そこで，相互理解を深めながら討議することが必要です。しかし，時間は有限ですからいつまでも議論するわけにはいきません。

　そこで，集団・組織として結論をださなければいけません。ここに，「リーダーシップとフォロワーシップ」が求められます。

　「リーダーシップ」とは，人を説得し具体的に動かす力（パワー）のことです。その力（パワー）の源泉は，①パーソナル・パワー（人間性・人格），②プロフェッシュナル・パワー（専門性），③ポジション・パワー（地位・権限）の3つあります。この3つが備わっているときに，強力なリーダーシップを発揮することができます。また，リーダーには，先見力・決断力・信念力が求められます。これからの人生で，リーダーシップに磨きをかけていきましょう。

　「チームワーク力」とは，人の意見をよく聴き，「リーダーシップとフォロワーシップ」を自在に使い分けることができる力のことです。

　そこで，次に「聴く力」（コミュニケーション力）について考えてみましょう。

2．コミュニケーション力・傾聴力：ロールプレイとグループワーク

　次の「コミュニケーションについてのアンケート」に答えてください。

　①あなたが，人と接する場合，一番苦手としていることはどれでしょうか（必ず1つだけ選んでください）。

　　A：自分の考えを理解してもらう
　　B：説得力のある話をする
　　C：楽しい話を面白おかしく話す

D：自分の考えを論理的に印象深く伝える
　　　E：大勢の前で，あがらずに堂々と話す
　　　F：人の話をよく聴く
　　　G：短時間で要領よく話す
　②あなたの知り合いに，聞き上手だと感心する人がいたら，2人だけ名前を書いてください。

　　　①_____

　　　②_____

　それでは，①の質問で，Fを選んだ人は手を挙げてください。

　おそらく，Fを選んだ人は少ないでしょう。これは，年長者にやってもらっても少ないことが多いのです。なぜ，人はFよりも，それ以外を選ぶのでしょうか。

　Fとそれ以外とは本質的な違いがあります。それは，Fだけが「人の話をよく聴く」という，相手の立場にたった内容で，それ以外は，自分がいかに上手に話すかという自分中心の内容になっています。

　私たちは，「コミュニケーション」というと，すぐに自分がいかにうまく話すかという「話し方」に注目します。しかし，よく考えてみると，「コミュニケーション」とは，キャッチボールと同じで，話し手と聴き手の両方が必要です。話す人ばかりで聴く人がいなかったら成り立ちません。

　現実社会はといえば，やはり「話したい人」ばかりで，「人の話をよく聴く」人が少ないのです。それが，現代社会でコミュニケーションの不成立をいたるところで起こしています。

　これからは，「自分がいかにうまく話すか」よりも「人の話をよく聴く」ことに意識を集中してみてください。「話す」よりも「聴く」ほうがはるかに難しいことに気づくでしょう。

　②の質問で，そこに書かれている人たちが嫌いな人は手を挙げてください。

　おそらく，そこには，皆さんが好きな人，尊敬している人が書かれているはずです。私たちは，「聴き上手」な人が好きなのです。[2]

　昔から「聴き上手は話上手」といわれているように，今日からは，まず「聴き上手」になろうと努力してみてください。

（1）話の聴き方訓練

それでは，これから「聴き上手」になる練習をします。

次の文章を読み，2人1組となってロールプレイを行います。

「聴き上手」になりたければ，「聴き上手」らしくふるまうべきです。そのためには，次のような方法があります。

① 話をしている人に顔を向け，目をそらさない。
② いかにも聞き入っているという姿勢をとり，ときには前に乗り出す
③ 相手の話を聴いているというポーズをとり，感心したり，うなずいたり，微笑んだり，声を出して笑ったりする。
④ 質問をして相手に張り合いをもたせる。
⑤ 神経を集中させ，肩の力は抜き，忍耐強く，ゆったり構える。目つきや姿勢，態度は相手の話に十分興味があることを示すように。
⑥ 相手の話に反応を示すことが非常に重要です。反応には「なるほど」「面白いですね」「それは少しも知りませんでした」「そうですか」「それ本当ですか」などがあります。

以上のような方法を実際に使って，ロールプレイを行います。

・2人1組になって，向かい合い，一方の人が昨日したことを3分間話してください。
・聴き手になった人は，今学んだ方法を使って集中して聴いてください。
・3分すぎたら合図をしますので，役割を交替して同じことをやってください。

つまり，聴き手だった人は話し手に，話し手だった人は聴き手になるのです。

これは，あくまで話し方の訓練ではなく，聴き方の訓練ですから，聴くほうに重点を置いて体験してください。

【チェックポイント】
この体験を通じて，「話を本当に聴いてもらった」と感じたかどうかを振り返ります。時間があれば，グループで「聴くことの難しさ・大切さ」について討議します。
---

(2) コミュニケーション：話の聴き方のまとめ

それでは，「話の聴き方およびコミュニケーション」についてまとめてみます。各自，話をよく聴いて，大事だと思う点をチェックしてください。

① **話を聴くときは，面白い話だと自分に言い聞かせなさい**：話の聴き方の問題は，正しい心構えさえもてば，大半は解決できます。世の中には，面白味のない人などいない。ただ，聴く方が面白くないと思っているだけなのだ。

② **聴き上手らしく振る舞え**：それには神経を集中させ・席にきちんとすわり，場合によっては体を前に乗り出すようにするとよい。また，話を面白く聴いているということを表情に出すように。

③ **話の内容を理解せよ**：言葉を聴いたというだけでは，聴いたことにならない。内容を正しく理解しようという心構えがなければいけない。

④ **反応を示せ**：人が話をさえぎられて喜ぶのは，自分が認められたときだけだ。褒めるときははっきり態度に出しなさい。その方法には，「うなずく」「ほほ笑む」「相づちを打つ」「励ます」などがある。

⑤ **相手の気持ちをくみとれ**：相手の立場に立って考えれば，その人の本当にいおうとしていることがわかる。

⑥ **質問をせよ**：語が理解できないとき，話の内容をもっとはっきりさせたいとき，相手に好意をもってもらいたいとき，注意深く聴いていることを印象づけたいとき，そんなときには質問をするとよい。むろん，相手を当惑させたり，やり込めるような質問はよくない。

⑦ **話をしている人を見よ**：顔・口もと・目つき・手の動かし方などは，お互いのコミュニケーションを助ける。また，相手を見ることで注意力を集中しやすくなる。また，熱心に話を聴いている印象を与えることができる。

⑧ **適度にほほ笑む**：ただし，度を過ごさないように。

⑨ **自分からコミュニケーションの責任をとれ**：上手にコミュニケーションできるかどうかの責任は，確かに話し手の側にもある。しかし，それはほんのわずかで・大部分の責任は聴き手の側にある。聴き手は，話を理解するように努力し・わからない点があれば質問をして，はっきりさせるべきだ。

【チェックポイント】
学生の皆さんが声を出して読み，講師がコメントする方法もある。

3．相互理解：人の気持ちを理解するためのポイント

　それでは最後に，コミュニケーション力や人間関係力を高めるために必要なポイントをまとめてみます。

① **寛容であれ**：相手にどんな欠点があろうと，何をしようと，意見がどれほど違おうと，寛容な心でつき合える人間になるのです。人はすべて，あなたとは違うのですから。確かに，人の行動を理解するのは，難しいことです。しかし，相手の行動や考えの違いを認めることはできるはずです。

② **完全な人間がいると思うな**：人は信頼し，愛し，好意をもってつきあい，そして，相手のありのままの姿を受け入れるのです。人は誰でも多くの長所と，いくらかの短所をもっているものです。良い面を見せると同時に，悪い面ものぞかせるものです。人に完全であることを期待すれば，必ず失望します。人を理解するということは，まず相手の短所を理解してあげることなのです。

③ **人を理解しようとする意欲を失うな**：「なぜあんなことをするのか，さっぱりわからない」といって，人を非難することがあるでしょう。わかろうとするよりは，わからないままにしておくほうが気楽だからです。自分自身の消極的な心棒えがそうさせるので，消極的な感情にとらわれている限り，決して人を理解することはできません。

④ **人の長所を探せ**：ウィリアム・ロジャーズ〔アメリカのユーモア作家〕はこう語っています。「私は，自分が気に入らない人間に一度もお目にかかったことがない」。彼は，誰に会おうとその人のなかに，自分が好きになれそうな特徴を探し，そしていつも見つけ出せたのです。人は，相手の欠点を探し出すことに驚くほど熱心です。あら探しは，それほど面白いものです。ロジャーズのように，人の長所を見つけ出す努力をすべきです。

⑤ **きらいな人を好きになれ**：陽気でみんなに好かれている人を好きになるのは簡単です。厄介なのは，きらいな人を，好きになることです。不作法で，皮肉ばかりいい，横柄で，無愛想で，自分中心の人を理解するのは難しいものです。そもそも理解しようという気持ちすら起こりません。しかし，彼らが，以前，誰かに心を傷つけられ，みんなに無視され続けたために，そんな人間になってしまった，ということを理解してあげるべきです。こういう人にこそ，理解が必要なのです。自分自身も，その努力を重ねるうちに人間的な成長という大きな収穫が得られるのです。

⑥ **性質を憎んでも，人は憎むな**：人を理解するということは，その人の間違った行為や，好ましくない性質までも大目に見るという意味ではありません。憎むべきは・悪

い性質であって,その人自身ではないと考えるなら,ずっと容易に,人を理解する気持ちになれます。うぬぼれ,欲ばり,皮肉,憎悪,ねたみ,自分へのあわれみ,エゴイズムなどはまるでヒルのように,人に吸いついて,その人をみじめで不健康にし,そして衰弱させてしまいます。だから,こうした性質の犠牲者にはむしろ同情すべきなのです。

以上のことは当たり前のことのようですが,実際に実行することはなかなか難しいものです。これらを学んで,感じたことや反論・意見をグループごとに討議してください。時間がきたら,発表してもらいます。

―【チェックポイント】――
　学生の皆さんが声を出して読み,講師がコメントする方法もある。

注
1)この章は,ボブ・コンクリンというアメリカの生涯教育研究者を中心に,多くの行動科学者,心理学者が18年かけて創りあげた「AIA」(アドベンチャーズインアティチュード・心の冒険)という30時間の生涯設計プログラムを参考にしています。1970年から1980年代にかけて日本の企業内教育に普及しました。筆者は,㈱グループダイナミックス研究所(所長　柳平彬)で「コーディネーター」の資格をとり,広島でNTTはじめ多くの企業の研修を行いました。参考文献としては,『人を惹きつける人間力』(ボブ・コンクリン,創元社,2003),『自信が湧く―心の科学＝エゴバイオニクス』(ボブ・コンクリン,産業能率短大,1975)があげられます。
2)ドイツの児童文学者ミヒャエル・エンデが1973年に発表した有名な作品に『モモ』というのがあります。イタリア・ローマを思わせる廃墟に不思議な浮浪少女が忽然と現れます。学識もなく貧乏な少女モモですが,唯一天才的な才能をもっていたと描かれています。それが「人の話を聴く」能力です。モモは,地域の大人たちの話を毎夜「真剣に聴く」ことによって,町の人気者になります。この小説は,忙しさのなかで生きることの意味を忘れてしまった現代人やお金に支配されている現代社会を批判したものですが,同時に「聴く」能力の大切さを訴えていると思います。ミヒャエル・エンデ,大島かおり訳『モモ』(岩波書店,1976)。

第7章

自己理解と他者理解
―自分のことは自分が一番わからない―

1．ジョハリの窓――傾聴と自己開示

「ジョハリの窓」とは，1955年にサンフランシスコ州立大学の心理学者ジョセフ・ルフトとハリー・インガムが発表した「対人関係における気づきのグラフモデル」です。これは，自己理解を深め，対人関係能力を高める理論・方法として，きわめて有効なものです（図表20参照）。

縦軸に「他人は知っている，知っていない」，横軸に「自分は知っている，知っていない」を置くと，4つの自己・自分が明らかになります。

①　公開されたオープンな自己（自分も他人もよくわかっている自己）
②　自分は気がついていないが他人からは見られている自己
③　他人にわからないように，隠している秘密の自己
④　自分も他人もわからない未知の自己（無意識の自己）

これらの4つの自己は，誰にもあります。しかし，自己理解を深め対人関係能力を向上させたいと思えば，①のオープンな自己をできるだけ広げる必要があります。そうすることによって，②③④の自己の領域が狭くなり，未知の自分を小さくすることができます。私たちは，生涯かかっても未知の自己をなくすことはできませんが，限りなく小さくすることは可能です。

では，そうするためには何をする必要があるでしょうか。まず，②の「自分は気がついていないが他人からは見られている自己」を小さくするにはどうしたらよいか考えてみて

図表20　ジョハリの窓

	自分は知っている	自分は知らない
他人は知っている	①公開されたオープンな自己（自分も他人もよく知っている自己）	②自分は気がついていない，知らないが他人からは見られている，知られている自己 【他人の話を聴く】
他人は知らない	③他人にわからないように，隠している秘密の自己 【自己開示】	④自分も他人もわからない未知の自己（無意識の自己）

ください。

　自分は気がついていないけれど，他人は知っている自己に気づくためには「他人の話をよく聴く」ことです。ここでも，「他人の話を素直に，謙虚に聴く」能力が大事なことがわかります。

　次に，自分は知っているけど，他人にわからないように，隠している秘密の自己を小さくするにはどうしたらよいでしょうか。それは，「隠さずに，たまには親しい友人に打ち明ける」ことです。「腹を割って話す」「本音で話す」ことです。これを心理学では「自己開示」と呼んでいます。これは，勇気を必要としますが，思い切って話してみると新しい自分の発見につながる可能性があります。このように，「他人の話をよく聴き」，「自己開示」を積極的に行っていけば，未知の自己が小さくなり，オープンな自己が広がっていくことになります。これが，「人間が人と共に生きる」ということではないでしょうか。

　これからの長い人生，職場や家庭，地域で生きていくためには，このような能力が必要不可欠といえましょう。

2．人間関係力――TA（交流分析）による自己理解と他者理解

　以上の学びをふまえながら，さらに人間関係能力を高めていきましょう。

　前述してきたように，人生は「人間関係」が大切です。その能力が高ければ，どんな人とも仲良く付き合うことができ，楽しく働き，生きることができます。反対に，この能力が低ければ，つねに人間関係で悩み続けることになります。

　言葉を変えていえば，人間関係で悩みながら，関係能力を高めていくことが大事です。

　TAとはTransactional Analysis　の略で，「交流分析」と呼ばれています。

　1950年代に精神科医エリック・バーンによって提唱され，1980年代に日本でも企業内教育に普及し，接遇サービス訓練等に導入されました[1]。これもまた，自己理解を深め，対人関係能力を高める理論・方法として，きわめて有効なものです。TAの体系・全体構造は図表21のとおりですが，ここでは，自我構造理論に基づくエゴグラムによる自己・他者分析を学びます。その前に，「ストローク」と「人生態度」という概念は，わかりやすくて役に立ちますので簡単に紹介しておきます。

　「ストローク」という概念は，「相手・他者の存在を認めて，何らかの反応を示す」ことをいいます。これには，「プラスのストローク」と「マイナスのストローク」があり，「プラスのストローク」とは，相手に好感を与える反応で，「マイナスのストローク」とは，相手に不快感を与える反応をいいます。

　「プラスのストローク」は，相手に対して先に存在を認めて挨拶や笑顔で声をかけるこ

とであり、「マイナスのストローク」は、相手の存在を無視して挨拶も何もしないことです。接客サービスの場面では、常に「プラスのストローク」を与え続けるよう努力しなければなりません。アルバイトなどを通じて「プラスのストローク」を与えられる練習をしておくことは、将来仕事をするときに役立つでしょう。次に「人生態度」ですが、4つのタイプがあります。

① I am not OK, You are OK（コンプレックス型：自分はダメな人間だけど人はみな偉く見える）
② I am OK, You are not OK（自惚れ型：自分は優秀だけど、他人がみなバカに見える）
③ I am not OK, You are not OK（虚無型：自分も他人もみなバカに見える）
④ I am OK, You are OK（全肯定型：自分も他人もみな可能性がある）

あなたは、どちかといえばどのタイプでしょうか。

世の中には、①②③のタイプが多く、④のタイプは少ないと思いませんか。

これから、皆さんが社会人として人間関係能力を高めていこうと思えば、④のタイプになることが必要ではないでしょうか。

図表21　TA（交流分析の体系）

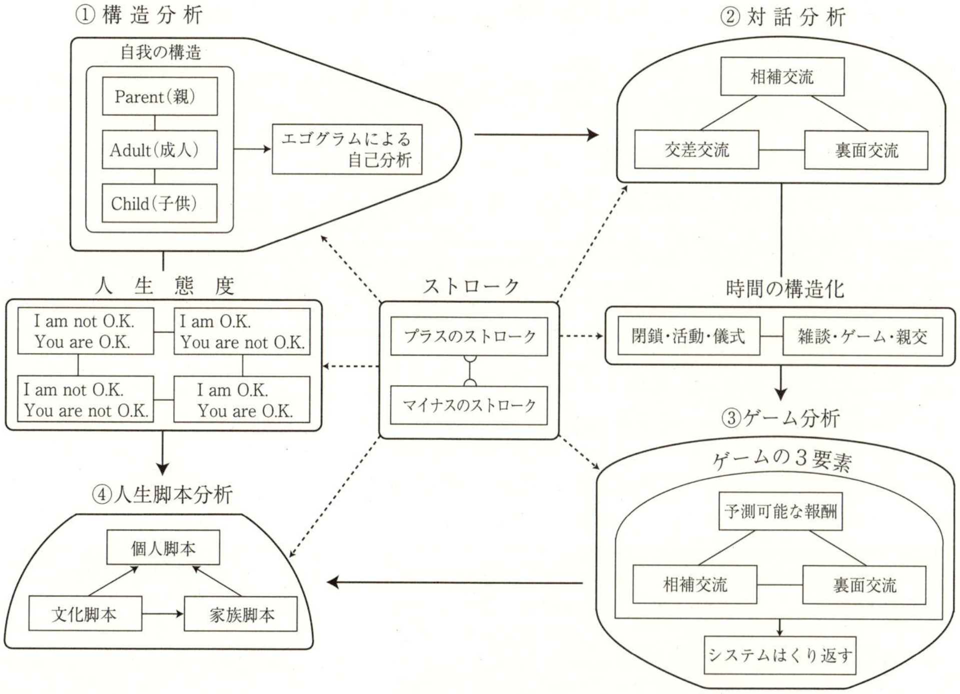

① 構造分析
自我の構造
Parent（親）
Adult（成人）
Child（子供）
エゴグラムによる自己分析

② 対話分析
相補交流
交差交流　裏面交流

人生態度
I am not O.K. You are O.K.
I am O.K. You are not O.K.
I am not O.K. You are not O.K.
I am O.K. You are O.K.

ストローク
プラスのストローク
マイナスのストローク

時間の構造化
閉鎖・活動・儀式　雑談・ゲーム・親交

③ ゲーム分析
ゲームの3要素
予測可能な報酬
相補交流　裏面交流
システムはくり返す

④ 人生脚本分析
個人脚本
文化脚本　家族脚本

それでは，メインの自我構造理論にはいりましょう。

TAは，人間の自我構造（こころの構造）を大きく3つ（Parent・Adult・Child, PAC理論ともいいます）に分け，さらに細かく次の5つに分けて考えます。

 FP （Father Parent）：厳しい父親のイメージで，うるさく指示・説教します
 MP （Mather Parent）：優しい母親のイメージで，寛容・包容力があります
 A （Adult）：大人・社会人のイメージでいつも冷静で問題解決的な態度をとります
 FC （Free Child）：自由かつわがままで主体的に言動し，創造性もあります
 AC （Adapted Child）：順応・従順型で，人の指示に素直に従います

これらの5つは，誰もが多少共有しており，どれが善い悪いという問題ではありません。私たちは，そのときの置かれた状況（TPO）によって，どれかが心を支配します。しかし，基本的な個性・性格・人間性の特徴をこの5つで理解することが可能です。

それでは，この理論に基づき自己理解と他者理解を深めていきましょう。

次のエゴグラムのアンケートに，率直に答えてください。あまり考えすぎずに直感で，できるだけ「はい○」か「いいえ×」で答えてください。

FP   合計 点

① 人の言葉をさえぎって，自分の考えを述べることがありますか （ ）
② 他人を厳しく批判するほうですか （ ）
③ 待ち合わせ時間を厳守しますか （ ）
④ 理想をもって，その実現に努力しますか （ ）
⑤ 社会の規則，倫理，道徳などを重視しますか （ ）
⑥ 責任感を強く人に要求しますか （ ）
⑦ 小さな不正でも，うやむやにしないほうですか （ ）
⑧ 子どもや後輩を厳しく教育しますか （ ）
⑨ 権利を主張する前に，義務を果たしますか （ ）
⑩ 「〜すべきである，〜ねばならない」といういい方をしますか （ ）

MP   合計 点

① 他人に対して思いやりの気持ちが強いほうですか （ ）
② 義理と人情を重視しますか （ ）
③ 相手の長所によく気がつくほうですか （ ）

④ 他人から頼まれたらイヤとはいえないほうですか （　）
⑤ 子どもや他人の世話をするのが好きですか （　）
⑥ 融通がきくほうですか （　）
⑦ 友人や後輩の失敗に寛大ですか （　）
⑧ 相手の話に耳を傾け，共感するほうですか （　）
⑨ 料理，洗濯，掃除など好きなほうですか （　）
⑩ 社会奉仕的な仕事に参加することが好きですか （　）

A　　　　　　　　　　　　　　　　　　　　　　合計　点
①自分の損得を考えて行動するほうですか （　）
②会話で感情的になることは少ないですか （　）
③物事を分析的によく考えてから決めますか （　）
④他人の意見は，賛否両論を聞き，参考にしますか （　）
⑤何事も事実に基づいて判断しますか （　）
⑥情緒的というよりむしろ理論的なほうですか （　）
⑦物事の判断を苦労せずに，すばやくできますか （　）
⑧能率的にテキパキと仕事を片付けていくほうですか （　）
⑨先（将来）のことを冷静に予測して行動しますか （　）
⑩身体の調子が悪いときは，自重して無理を避けますか （　）

FC　　　　　　　　　　　　　　　　　　　　　合計　点
①自分をわがままだと思いますか （　）
②好奇心が強いほうですか （　）
③娯楽，食べ物など満足するまで求めますか （　）
④言いたいことを遠慮なくいってしまうほうですか （　）
⑤「わあー，すごい，へー」など感嘆詞をよく使いますか （　）
⑥直感で判断するほうですか （　）
⑦興に乗ると度を越し，はめをはずしてしまうことがありますか （　）
⑧怒りっぽいほうですか （　）
⑨涙もろいほうですか （　）

⑩気分転換がうまいほうですか   (   )

AC   合計   点
①思っていることを口に出せない性質ですか   (   )
②誰からも気に入られたいと思いますか   (   )
③遠慮がちで，消極的なほうですか   (   )
④自分の考えをとおすより妥協することが多いですか   (   )
⑤他人の顔色や言うことが気になりますか   (   )
⑥つらいときには我慢してしまうほうですか   (   )
⑦他人の期待に添うよう過剰な努力をしますか   (   )
⑧自分の感情を抑えてしまうほうですか   (   )
⑨劣等感が強いほうですか   (   )
⑩「自分らしい自分」「本当の自分」から離れていると思いますか   (   )

　それでは，5つの項目ごとに，○を10点，△を5点，×を0点として集計し，次の折れ線グラフ「自分のエゴグラム」を作成してください。

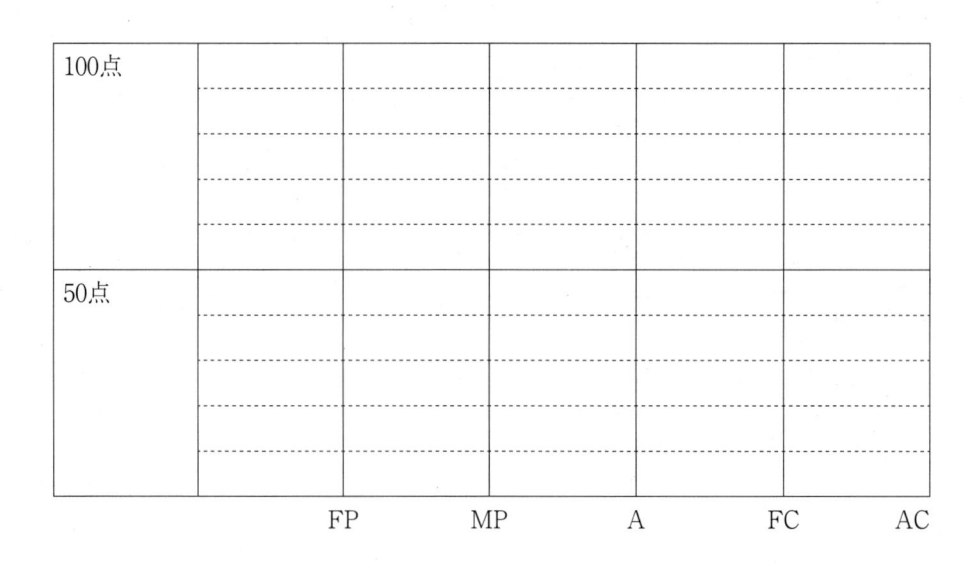

100点					
50点					
	FP	MP	A	FC	AC

出来上がったら，どの項目が一番高いかを確認してください。それが，皆さんの自己理解（自己イメージ）によるエゴグラム，つまり自分の個性・特徴です。

次に，テキストを隣の人と交換してください。そして，今度は皆さんが隣の人をどう思うかを率直に答えてください。初めて会った人でもかまいません。第一印象，直感，推測で答えてください。人生は「第一印象」が大事なのです。就職面接も同じです。本人の答えを，紙で隠して答えてください。

同じように，5項目ごとに集計を出し，本人の書いたものと別の色でエゴグラムの折れ線グラフに記入してから本人に返してください。返された人は，自分のエゴグラムとどこがどう違うかを確認してください。まったく同じエゴグラムはめったにできません。つまり，自己理解・自己イメージどおりに，他人が「第一印象」で判断してくれることはめったにないのです。これが，現実の人間関係の難しさなのです。むしろ，「人は，自己イメージどおりに理解してくれないものだ」と認識しておくほうが得策です。

それでは，ここでこのPAC理論による相性占いをして見ましょう。自分のもっとも高得点の項目で行います。

FPが高い人は，どのタイプの人と相性がいいでしょうか。特徴を考えればわかりますね。ACの高い人です。「指示したい人と指示して欲しい人」ですから相性がいいはずですね。では，MPが高い人はどのタイプと相性がいいでしょうか。はい，FCの高い人ですね。Aが高い人は当然Aが高い人です。クールな大人の関係ですね。

しかし，ここは相性占いをするのが目的ではありません。

これから，自己理解や他者理解を深め，対人関係能力を高めていくには，たとえ，相手が相性の悪い人であっても職場では普通に仲良く付き合っていかねばなりません。そのためには，自分の個性がどの項目であろうとも，相手の特徴・項目を読み取って，相性のよい項目タイプであるかのように行動すればいいのです。たとえば，自分がFPタイプとして，たまたま自分の直属の上司がFPタイプだったら，そのままでは，ぶつかる可能性が高いといえます。

FPタイプの上司はACタイプと相性がいいのだから，多少ACタイプのように素直に言うことを聞きましょう。MPタイプの上司だったら，FCタイプのように，自由に主体的にいろいろと発言，提案しましょう。Aタイプの上司だったら，常に冷静にAタイプのように行動しましょう。FCタイプの上司だったら，MPタイプであるかのように，寛容の精神で付き合いましょう。ACタイプの上司だったら，FPタイプのように，積極的に発言し，仕事をリードしましょう。そうすれば，皆さんはどんな人とも上手に付き合っていくことができるでしょう。これは，簡単にすぐできることではありません。日ごろの

付き合いのなかで，努力し訓練していくしかありません。しかし，それが，自分を成長させ「社会人基礎力」を高め，より責任ある仕事をまかせられる人材になっていくことになります。

「人間関係能力」の向上は生涯続く，学習課題なのです。これからいろいろな人と付き合いながら，学んでいきましょう。

---【チェックポイント】---
自分で抱いている自己イメージと他人から見たイメージの違いをしっかり認識させる

3．長所と短所の自己分析

今度は別の角度から，自己分析してみましょう。

これからの３分間で，自分の長所と短所を思いつくままに，思いつくほうからできるだけたくさん書いてください。

〈長　　所〉　　　　　　　　　〈短　　所〉
① 　　　　　　　　　　　　　 ①
② 　　　　　　　　　　　　　 ②
③ 　　　　　　　　　　　　　 ③
④ 　　　　　　　　　　　　　 ④
⑤ 　　　　　　　　　　　　　 ⑤
⑥ 　　　　　　　　　　　　　 ⑥
⑦ 　　　　　　　　　　　　　 ⑦
⑧ 　　　　　　　　　　　　　 ⑧
⑨ 　　　　　　　　　　　　　 ⑨
⑩ 　　　　　　　　　　　　　 ⑩

さて，どちらが多いでしょうか。長所が多い人は，自分の長所をよく理解している自信のある人です。短所が多い人は，あまり自信がない人でしょう。しかし，長所と短所の関係をよく考えてみれば，長所と短所の数は同じというのが正解ではないでしょうか。なぜなら，**長所と短所は紙一重，裏表**だからです。長所は調子にのってやりすぎると短所になり，短所は見方を変えれば長所にもなるからです。たとえば，短所に「気が短い」と書いた人があるとします。「短気」というのは，一般的には短所としてマイナスのイメージが

ありますが，裏を返せば，「仕事が速い」「行動が早い」という長所があるのではないでしょうか。
　現実は，自分や他人の短所ばかりが目につき，あら探しが好きな人が多いように思えますが，これからは，自分や他人の短所を長所として見直す訓練をしていきましょう。これもまた，人間関係能力を高めていく秘訣です。自分にも他人にも，つねに長所を発見し褒めてあげることが，その人をやる気にさせ，人間関係を円滑にすることにつながります。
　最後に，デール・カーネギーの『人を動かす』（創元社，1999）は，1937年に発売されて以来，ベストセラー，ロングセラーを続けている本ですが，人間関係の古典，自己啓発本の原点として，社会人の必読文献といえるでしょう。豊かな人生経験からにじみ出た言葉は説得力があり，わかりやすいので紹介しておきます（図表22参照）。また，人間関係や話し方について多くの本を書いている福田健の『上司を動かす』（PHP，1984）は，「部下を育てるのは上司の責任である」という常識をくつがえした本で，他人依存型が多い現代ではお勧めしたい本です。就職したときにきっと役に立つでしょう（図表23参照）。

注
1）TA（交流分析）関係参考文献は多数あるが，おすすめは『セルフ・コントロール：交流分析の実際』（池見酉次郎・杉田峰康，創元社，1998），『交流分析とエゴグラム』（新里里春，チーム医療，1986）

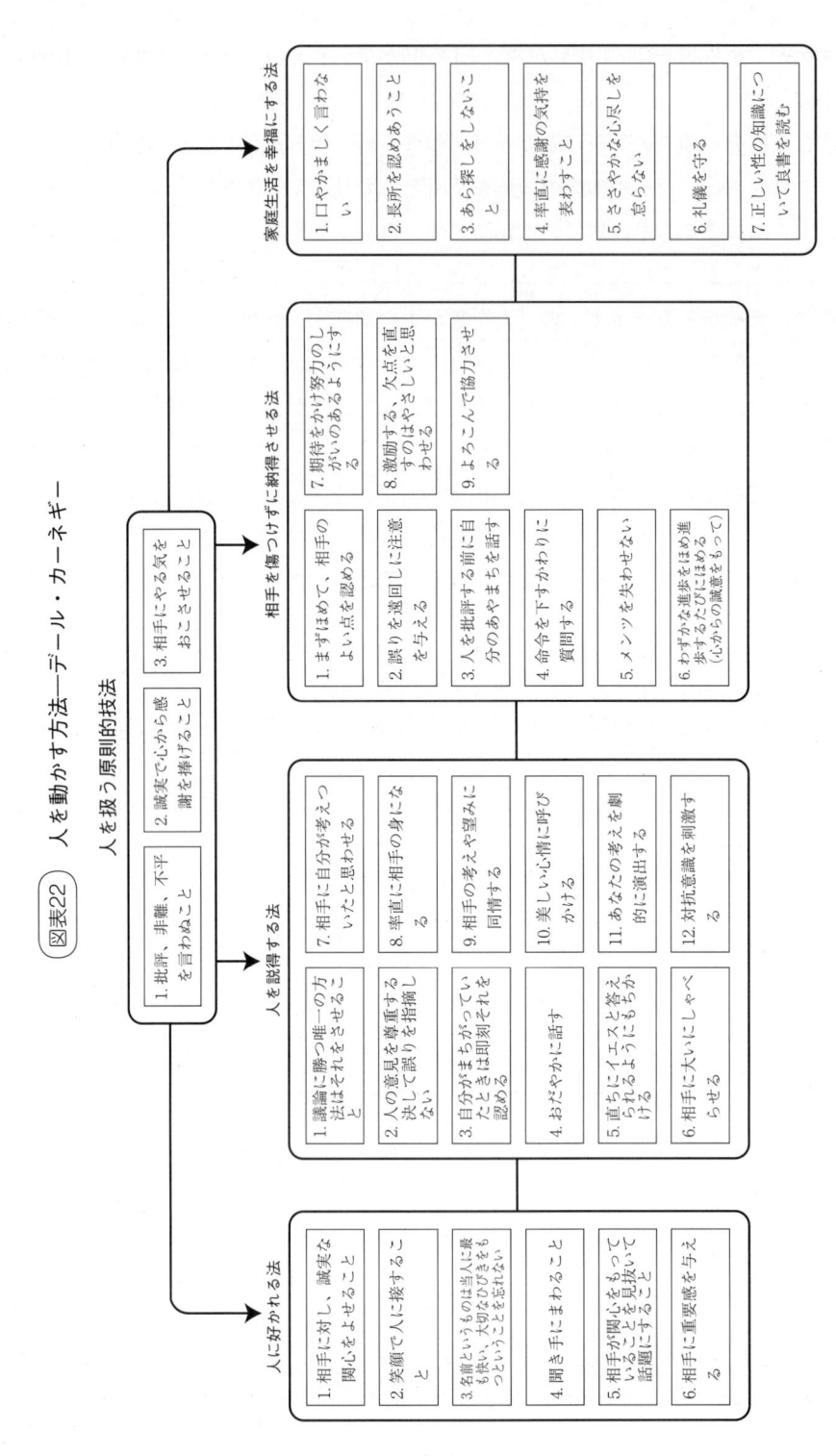

図表22　人を動かす方法―デール・カーネギー―

人を扱う原則的技法

1. 批評、非難、不平を言わぬこと
2. 誠実で心から感謝を捧げること
3. 相手にやる気をおこさせること

人に好かれる法

1. 相手に対し、誠実な関心をよせること
2. 笑顔で人に接すること
3. 名前というものは人にとって最も快い、大切なひびきをもつということを忘れないこと
4. 聞き手にまわること
5. 相手が関心をもっていることを見抜いて話題にすること
6. 相手に重要感を与える

人を説得する法

1. 議論に勝つ唯一の方法はそれをさせることと
2. 人の意見を尊重して誤りを指摘しない
3. 自分がまちがっていたときは即刻それを認める
4. おだやかに話す
5. 直ちにイエスと答えられるようにしかける
6. 相手に大いにしゃべらせる
7. 相手に自分が考えついたと思わせる
8. 率直に相手の身になる
9. 相手の考えや望みに同情する
10. 美しい心情に呼びかける
11. あなたの考えを劇的に演出する
12. 対抗意識を刺激する

相手を傷つけずに納得させる法

1. まずほめて、相手のよい点を認める
2. 誤りを遠回しに注意を与える
3. 人を批評する前に自分のあやまちを話す
4. 命令を下すかわりに質問する
5. メンツを失わせない
6. わずかな進歩をほめ進歩するたびにほめる（心からの誠意をもって）
7. 期待をかけ努力のしがいのあるようにする
8. 激励する、欠点を直すのはやさしいと思わせる
9. よろこんで協力させる

家庭生活を幸福にする法

1. 口やかましく言わない
2. 長所を認めること
3. あら探しをしないこと
4. 率直に感謝の気持を表わすこと
5. ささやかな心尽しを怠らない
6. 礼儀を守る
7. 正しい性の知識について良書を読む

第7章 自己理解と他者理解 69

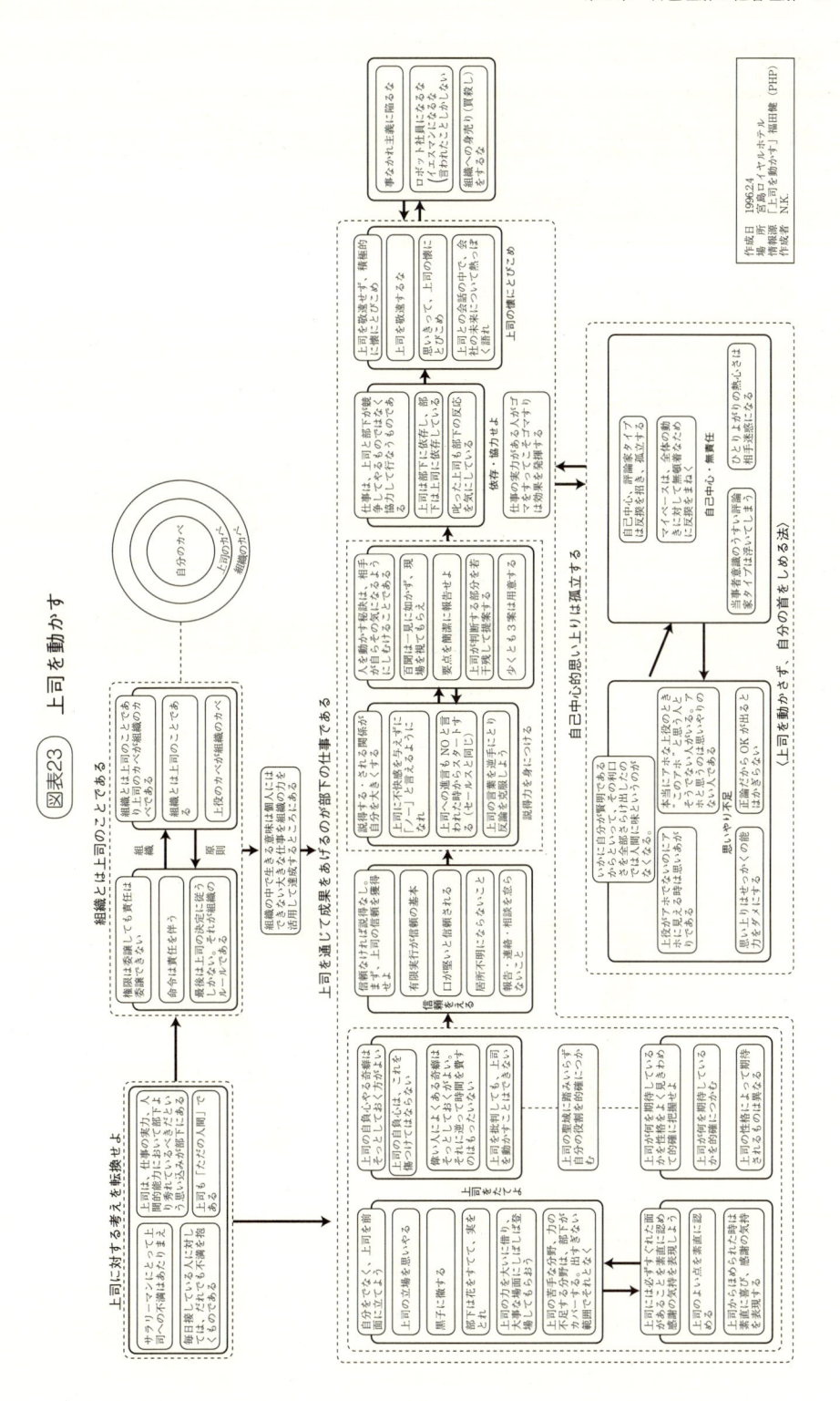

図表23 上司を動かす

第8章

キャリア形成・就職活動の基本構造とプロセス
―就職は人生の一大イベント―

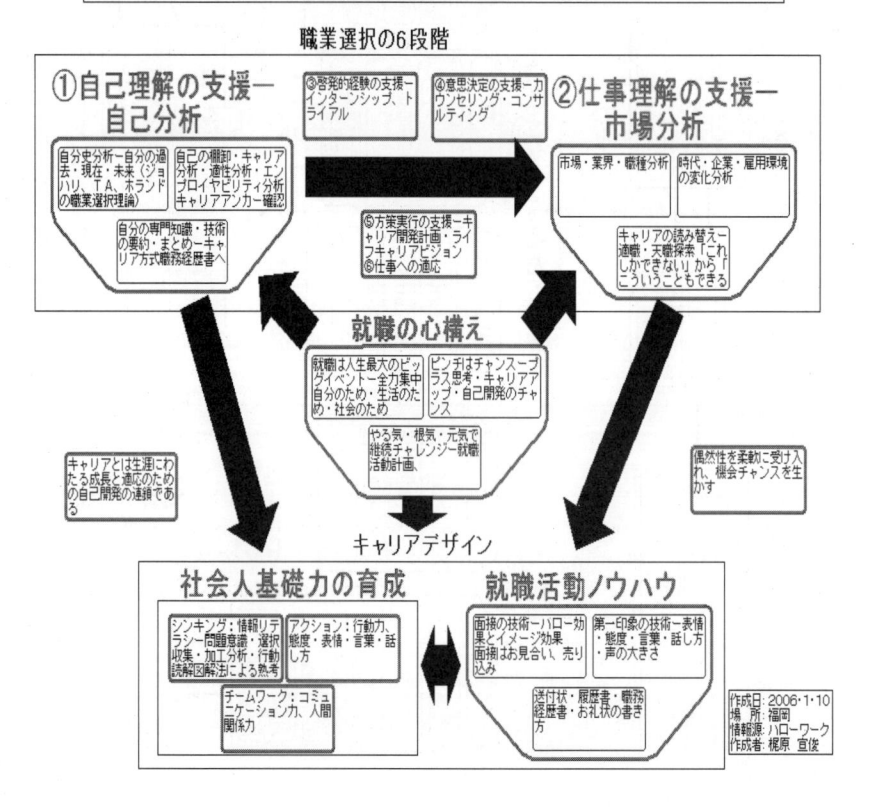

1．職業キャリア選択の6つのステップ

それでは，これまで「社会人基礎力」を中心に学んできましたが，いよいよキャリア形成・就職活動の基本に入っていきます。これまで学んできたことは，キャリア形成・就職活動の前提となるものです。

キャリア形成・就職活動の基本構造を，文部省の「職業キャリア選択の6つのステップ」[1)]及び「社会人基礎力」に関連させて図解すると以下のようになります（図表24参照）。

図表24

> ① 自己理解：これまでの基本的自己理解をふまえながら自己キャリア分析
> ② 他者理解：ここでは業界・企業・求人・職種・雇用の現実を理解する
> ③ 啓発的経験：インターシップ・アルバイト・ボランティア
> ④ 意思決定：①②③をふまえたうえで，就職目標を決断する
> ⑤ 方策実行：目標達成のための計画作成と実行
> ⑥ 仕事・職場への適応：3年以内で辞めないように適応方法を学ぶ

 以上の6段階・プロセスをふまえ「カード式キャリアデザイン法」を活用しながら体験学習していきます。その前に，前提となる「就職の心構え」について確認しておきましょう。

2．キャリア形成と就職の心構え

 「進学・就職・結婚」は，誰もが直面する人生の3大イベントといえましょう。また，人生の3大分岐点ともいえます。どこに進学するか（あるいはしないか），どこに就職するか（あるいはしないか），誰と結婚するか（あるいはしないか）この決断により人生は大きく変わってきます。この3大イベントに共通することは，「まず自らが選択・決断」し，最終的には「相手が決定する」という点です。決定権が相手にあるという事実をしっかり認識しておく必要があります。このことは，「相手の立場に立って，相手を徹底的に研究する」ことが大事であることを示唆しています。これは，「就職活動の基本的心構え」としてきわめて重要で，第13章でその具体的ノウハウについては詳しく述べます。

 ここで，強調しておきたいことは，この人生の3大イベント・3大分岐点はどんなに準備しても準備しすぎることはなく，どんなに考えても考えすぎることはないということです。皆さんは，自分の人生の主人公として，当面は「就職」について真剣に考え，早くから準備することが大切です。この授業は，その準備として重要なものといえましょう。

3．カード式キャリアデザイン法の進め方

 「カード式キャリアデザイン法」は，次のような4段階（ステップ）で職業目標を自ら考え，意思決定し，計画的に実行する方法です（図表25参照）。
 第1段階【ステップ1】自分自身を知る：自己キャリア分析
 第2段階【ステップ2】現実社会を知る：時代・企業・雇用環境分析
 第3段階【ステップ3】適職・天職を知る：職業目標決定
 第4段階【ステップ4】キャリア開発・就職活動計画作成・実行

自分を知り，他人を知り，現実を知ることによって，自分の適職を発見し，職業目標（就職目標）を決定していきます。そうすれば，誰でも職業目標を明確にすることができます。

図表25

カード式キャリアデザイン法

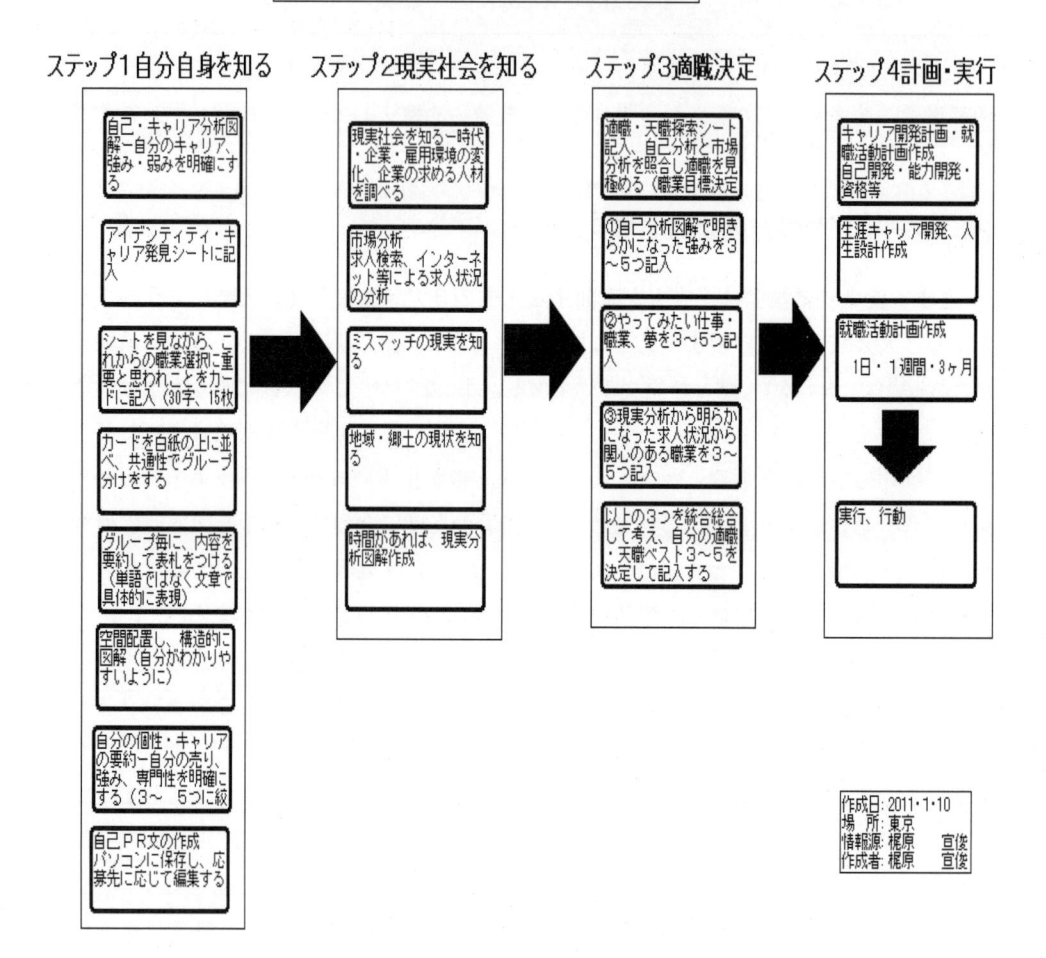

ステップ1 自分自身を知る
- 自己・キャリア分析図解―自分のキャリア、強み・弱みを明確にする
- アイデンティティ・キャリア発見シートに記入
- シートを見ながら、これからの職業選択に重要と思われることをカードに記入（30字、15枚）
- カードを白紙の上に並べ、共通性でグループ分けをする
- グループ毎に、内容を要約して表札をつける（単語ではなく文章で具体的に表現）
- 空間配置し、構造的に図解（自分がわかりやすいように）
- 自分の個性・キャリアの要約―自分の売り、強み、専門性を明確にする（3～5つに絞）
- 自己PR文の作成 パソコンに保存し、応募先に応じて編集する

ステップ2 現実社会を知る
- 現実社会を知る―時代・企業・雇用環境の変化、企業の求める人材を調べる
- 市場分析 求人検索、インターネット等による求人状況の分析
- ミスマッチの現実を知る
- 地域・郷土の現状を知る
- 時間があれば、現実分析図解作成

ステップ3 適職決定
- 適職・天職探索シート記入、自己分析と市場分析を照合し適職を見極める（職業目標決定
- ①自己分析図解で明らかになった強みを3～5つ記入
- ②やってみたい仕事・職業、夢を3～5つ記入
- ③現実分析から明らかになった求人状況から関心のある職業を3～5つ記入
- 以上の3つを統合総合して考え、自分の適職・天職ベスト3～5を決定して記入する

ステップ4 計画・実行
- キャリア開発計画・就職活動計画作成 自己開発・能力開発・資格等
- 生涯キャリア開発、人生設計作成
- 就職活動計画作成 1日・1週間・3ヶ月
- 実行、行動

作成日：2011・1・10
場　所：東京
情報源：梶原　宣俊
作成者：梶原　宣俊

注
1）文部省『中学校・高等学校進路指導の手引―進路指導主事編』1977，参照

第9章

自分自身を知る：自己キャリア分析　【ステップ1】
―自分の好きなことを発見し，育て，仕事にする―

1．アイデンティティ・キャリア発見シート作成

　それでは，まず第1ステップ「自己キャリア分析」にはいります。皆さんは，自分を客観的に理解認識するということは簡単なようで難しいということを第7章「ジョハリの窓」や「TA（交流分析）」で学んできました。「自分のことは自分が一番よく知っている」とよくいわれますが疑わしいものです。現在の自分をより深く理解するためには，過去の自分をしっかりと振り返る必要があります。なぜならば，現在の自分は過去の積み重ね（つまりこれがキャリアです）から形成されたものであり，これからどう生きるかという未来は，過去の深い分析から見えてくるものだからです。皆さんが，歴史を学ぶ意味は，過去をよく知ることによって現在をより深く理解し，未来を考え，デザインすることが可能になるからです。自分の人生も同じではないでしょうか。

　では，生まれてから現在までの自分を振り返る「アイデンティティ[1]・キャリア発見シート」に記入してください。家庭環境（親兄弟，末っ子・長女等），地域環境（大都市，田舎等）で特徴的なことを書いてください。小中高大学での得意な科目や熱中したクラブや遊び，出会った先生や友人，本などについてできるだけたくさん思い出してどんなことでもかまいませんから記入してください。

> 【チェックポイント】
> ここでは，十分時間をとって自分の人生を振り返ります。なかなか思いつかない人には，質問やインタビューをして忘れていたことを思い出させるように工夫します。

注
1）アイデンティティとは，1950年代にアメリカの精神分析学者E・H・エリクソンが特有の含蓄をもった概念として用いて以来，「人格同一性」「自我同一性」として定着してきた。筆者は，エリクソンのいう「エゴ・アイデンティティ，セルフ・アイデンティティ，サイコソーシャル・アイデンティティ」という概念は，生涯キャリア形成と深い関係があると考え，「アイデンティティ・キャリア発見シート」と命名した。わかりやすくいえば，「自己確立」「自分固有の生き方や価値観の獲得」という意味であり，キャリア分析に必要不可欠なものと考えている。
　参考：「アイデンティティとライフサイクル」E・H・エリクソン，誠信書房，2011
　　　　「若者とアイデンティティ（キャリアデザイン選書）」児美川孝一郎，法政大学出版局，2006

〈アイデンティティ・キャリア発見シート〉

	学習	クラブ・バイト・遊び	出会い（本・人）	重要事項
家庭				
地域				
幼少				
中学				
高校				
大学				

2．自分史・自己キャリア分析図解

　次に，このシートからこれから適職を考えるうえで重要と思われる内容をピックアップしてカードに記入してください。この過程で，自分の長所や強みを発見し，認識と自信を深めることが大事です。カードは，市販の付箋など，ノリツキであればどんなカードでもかまいません。横書き，3行，30～40文字で具体的に自分の得意分野や経験・キャリアを記入します。大体10～20枚くらいのカードを作成してください。記入しおわったらA3の用紙または模造紙等の上に並べ，内容をよく読みながら，共通性・類似性で2～4枚のグループをつくっていきます。共通性でグループ分けして具体的な見出しをつけるところが大事なポイントです。「読解図解法」で体験した方法と基本的には同じです。分類ではありません。大体5つくらいを目安にグループ分けし，グループ相互の関係を考えながら紙の上に配置していきます。配置が決まったら貼りつけ，最後に関係線（因果関係，相互関係，対立矛盾関係等）をいれて完成です（図表26，筆者の60年の自己キャリア分析図解参照）。

　時間は約1～2時間かかりますので，授業中に完成しない場合は，宿題になります。この作業により，自分のキャリア，専門性，得意分野，好み，自己PRのポイントなどが明確になってきます。この図解を見ながら，自分の強み・個性を5つくらいに整理し，自己PR文（400～800字）を作成します。パソコンに保存し，何度も修正し，具体的な応募先が決まった段階で，相手のニーズに合わせて編集することが大切です。こうすることにより，誰でも密度の濃い自己PR文を容易に書くことができます。次に，授業で何人かに発表をしていただきます。

3．自己PR文の作成・発表

　それでは，数人に前に出て発表してもらいます。

【チェックポイント】
　講師は発表を聴き，よい点と直したほうがいい点をコメントします。人数が少なければ，全員に発表させます。自己PR文は提出して，コメントをつけて返却します。

図表26　自己キャリア分析図解

キャリア分析

①カード式発想法（読む・書く・話す・企画する）

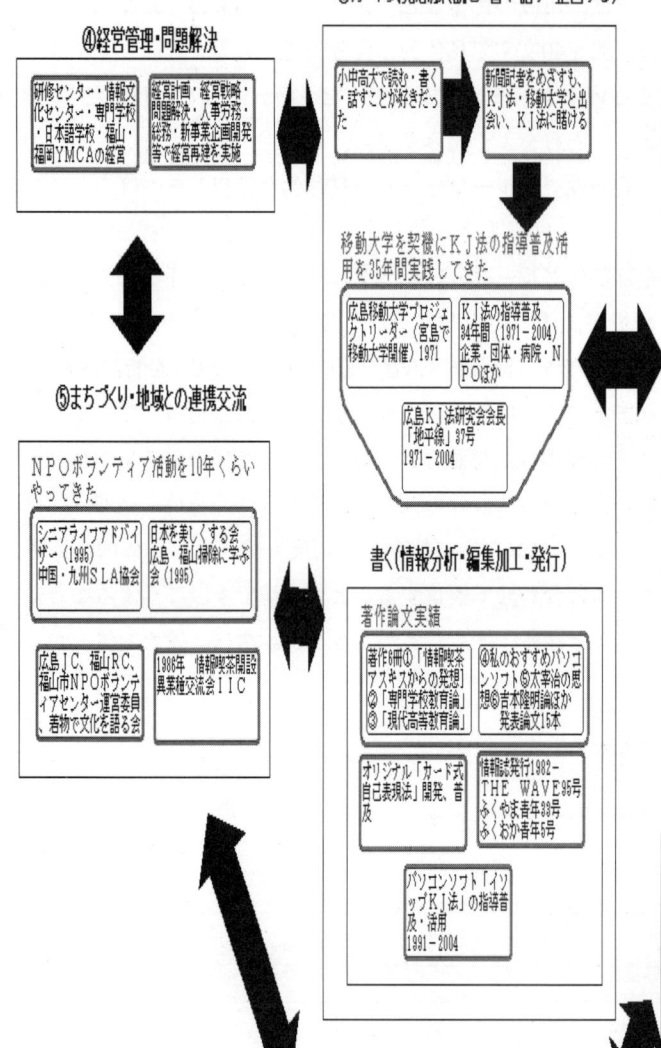

- 小中高大で読む・書く・話すことが好きだった
- 新聞記者をめざすも、KJ法・移動大学と出会い、KJ法に賭ける

移動大学を契機にKJ法の指導普及活用を35年間実践してきた

- 広島移動大学プロジェクトリーダー（宮島で移動大学開催）1971
- KJ法の指導普及 34年間（1971-2004）企業・団体・病院・NPOほか
- 広島KJ法研究会会長「地平線」37号 1971-2004

書く（情報分析・編集加工・発行）

著作論文実績
- 著作6冊①「情報喫茶アスキスからの発想」②「専門学校教育論」③「現代高等教育論」④私のおすすめパソコンソフト⑤太宰治の思想⑥吉本隆明論ほか発表論文15本
- 情報誌発行1982- THE WAVE 96号 ふくやま青年89号 ふくおか青年6号
- オリジナル「カード式自己表現法」開発、普及
- パソコンソフト「イソップKJ法」の指導普及・活用 1991-2004

④経営管理・問題解決

- 研修センター・情報文化センター・専門学校・日本語学校・福山・福岡YMCAの経営
- 経営計画・経営戦略・問題解決・人事労務・総務・新事業企画開発等で経営再建を実施

②社員教育・学校教育・能力開発

話す（講演・教師指導・研修指導）

- 研修指導実績 150団体
- 講演実績 300回

YMCAと出会い、KJ法を中心に社員研修、企業内教育訓練、セミナー企画、講演を多数やってきた

- 新入社員・女子社員・管理職・経営幹部の能力開発実績 1971-2004
- 広島YMCA総合開発研究所（情報の収集分析、情報編集、能力開発）1982-1998
- 研修センターみのち学荘所長（経営、公開セミナー、表装訓練）1972-1987
- カード式情報リテラシー授業法を開発し、専門学校・日本語学校で授業を17年やってきた

⑤まちづくり・地域との連携交流

NPOボランティア活動を10年くらいやってきた

- シニアライフアドバイザー（1995）中国・九州SLA協会
- 日本を美しくする会 広島・福山掃除に学ぶ会（1995）
- 広島JC、福山RC、福山市NPOボランティアセンター運営委員 書物で文化を語る会
- 1986年 情報喫茶開設 異業種交流会IIC

③職業・キャリア教育

専門学校、日本語学校校長として経営と教育に尽力してきた

- 日本語学校校長（1995-2004）経営、募集、教育、進路指導 授業「日本事情」
- 専門学校校長（1987-2009）経営、募集、教育、就職指導 授業「情報社会論」
- 職業・キャリア教育・生涯学習の実践と研究「専門学校教育論」（1999学小社）
- 大学非常勤講師・修道大学「経営情報論」、安田女子大「キャリア教育論」福岡女学院大

⑥国際交流・日本伝統文化

- 国際交流の企画実施 アジア・アメリカ・ヨーロッパ13カ国30回
- 国際交流協会（広島・福山・福岡）と連携
- 喜多流謡曲1998-2006 能舞台4回地謡として出演
- 日本の語り音楽口演

作成日：2004.10.28
場　所：福岡
情報源：梶原 宣俊
作成者：梶原 宣俊

第10章

現実社会を知る：時代・企業・雇用環境分析　【ステップ2】
――時代の変化に意識の変化がついていかない――

1．時代の変化・企業の変化を読む――日本的経営の終焉

　自分の個性や強みが明確になったところで，次に現実理解を深めていきましょう。今，時代は大きく変化しつつあります。戦後最大の転換期にあります。

　皆さんが，今「超氷河期」といわれるような厳しい就職状況に直面しているのは，時代の変化を象徴しているといえます。戦後日本は，敗戦の廃墟から立ち上がり，奇跡の経済復興を遂げて，高度経済成長を遂げてきました。ちょうど今の中国のような時代があったのです。ところが，1993年のバブル経済崩壊後，日本は誰も予想しなかったような不況に突入し，現在までそれが続いています。具体的に，1965年以降の「経済成長率」の推移をグラフで見てみましょう。「経済成長率」とは実質GDP（国民総生産）の対前年度増減率で，日本経済の規模がどれだけ伸びたかその変化がよくわかります（図表27参照）。

　景気が毎年いかに変動してきたか一目瞭然ですが，長期的にみれば1956～1973年の17年間が，平均成長率9.1％で「高度成長期」です。1973年はオイルショックの時期で，以降1990年までが平均成長率4.2％で「安定成長期」と呼ばれています。その後バブル経済が崩壊し現在までが平均成長率0.8％で「低成長期」になっていることがわかります。その結果，日本は先進国最大の債権国家（赤字国家）になり，苦悩しています。そして，このような政治経済の変化は，直接皆さんの就職活動に影響を与えています。

　これからは，日本，世界の政治経済社会の変化に敏感になり，しっかりと学ぶ必要があります。政治経済が私たちの生活を基本的に左右するからです。若者の政治離れ・無関心が現在の「若者軽視の政治」を許し，「超氷河期」を招いたという論者もいます[1]。

　毎日の新聞やニュースに注目しながら，目先にとらわれず，長期的視野から大きな時代の潮流を読むことが大切です。筆者は，これからの時代の変化，大きな流れは5つあると考えています。これを筆者は「5Ⅰ化の時代」と呼んでいます[2]。

（1）5Ⅰ化の時代

　第1は，インフォメーション・情報化（最近はICT化ともいいます）という流れであり，「高度情報社会」が加速度的に進行しつつあります。パソコン・携帯の普及により「ネッ

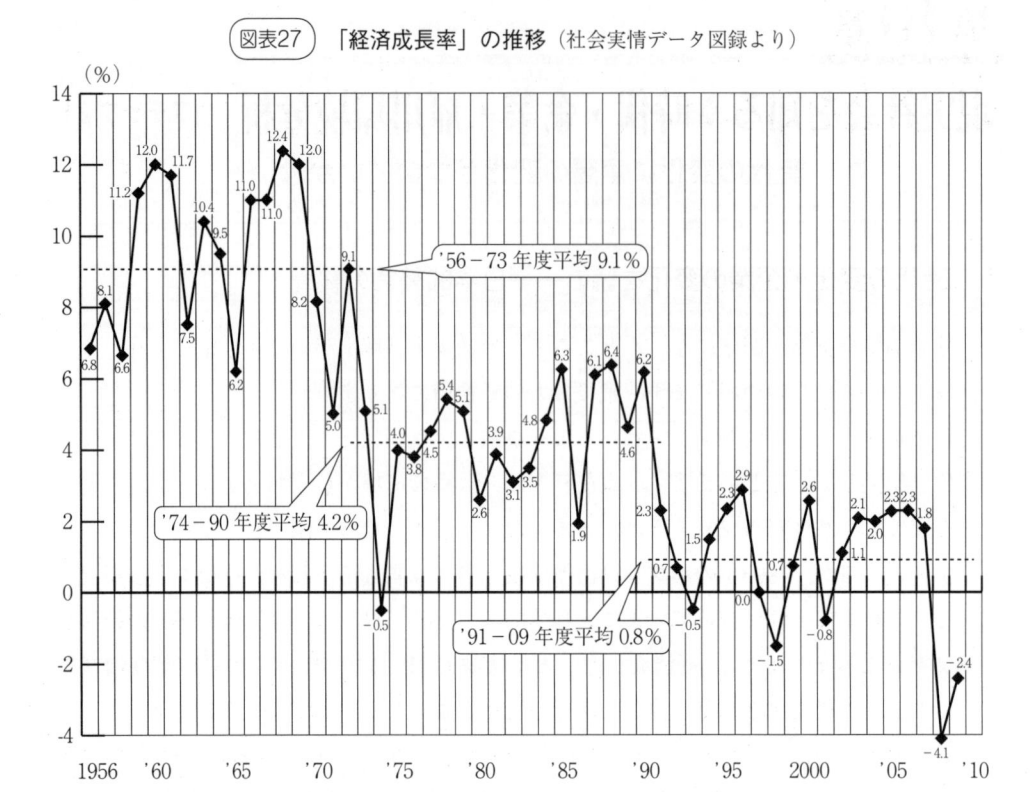

図表27　「経済成長率」の推移（社会実情データ図録より）

（注）年度スペース。93SNA 連鎖方式推計（80年度依然は63SNA スペース「平成12年版国民経済計算年報」）。
　　　2010年7－9月期2次速報値〈2010年12月9日公表〉。平均は各年度数値の単純平均。
（資料）内閣府 SNA サイト

ト社会」が現実化して，予想しなかった社会になりつつあります。情報（サービス）産業は今後とも優秀な人材を求めてくることでしょう。ここで私たちにとって大事なことは，「情報リテラシー能力」（情報の選択・収集・加工分析・活用能力）を高めることであり，より高度な情報技術をマスターすることです。「ネット社会」や「メディア」に翻弄されることなく，自分なりの考えをしっかりもつことです。

　第2の流れは，インターナショナル・国際化（最近はグローバル化がよく使われます）です。すでに，経済は国際化（グローバル化）しており，日本だけではどうすることもできないことが増えつつあります。皆さんも，日本だけでなく世界で働くことも視野に入れる必要があるでしょう。英語・中国語をはじめ，高度な外国語能力が求められてくるでしょう。しかし，ここでも，私たちにとって大事なことは，語学能力だけでなく，日本人の「心の国際化」ではないでしょうか。国際社会のなかでたくましく生きていくためには，異文化を理解し，対等にコミュニケーションできる能力が求められます。「異文化理解・

異文化コミュニケーション」とは，異なる文化・価値観・風習・感性等を理解し，受容し，協働することです。日本人同士でも異文化理解・コミュニケーションが困難であれば「心の国際化」ははるかに困難になります。

　第3の流れは，イノベーション・技術革新化です。この流れは，情報化と密接不可分の関係にあり，パソコンや携帯，ロボットなどを中心としたハイテク機器が続々と出現しています。技術革新の本質は，機能がアップし，値段が安くなるところにあります。ここで大事なポイントは，皆さんが，科学技術というものを正しく理解・認識し活用することです。これらはあくまでも，道具であり，これらのハイテク道具を使いこなして，私たち人間が仕事や生活をより充実させていくことが重要となります。

　第4の流れは，「個性化・多様化」です。画一的で，没個性的なこれまでの生き方が，今，各自の心のなかで変化しつつあります。自己実現欲が強まり，個性的な自分らしい生き方をだれもが模索しはじめています。この流れは，生き方の多様化だけでなく，各種商品の多様化を押しすすめています。これからも，女性や若者を中心に個性化・多様化は進んでいくと思われますが，一人ひとりが，自分の個性や生き方を確立していかなくてはなりません。

　第5の流れは，「崩際化・無境界化」です。現在すでに，あらゆる分野において境界線がなくなり，先入観や固定概念が通用しなくなっています。「業際化」で業界の区別がなくなり，相互乗り入れが激しくどの業界も過当競争になっています。「学際化」で，学問の境界があいまいになり，再編や統合が進行しています。また，プロとアマ，公と民，女と男などの区別もわかりづらくなっています。つまり，これからは，過去の経験やカンが通用せず，まったく新しい発想や柔軟な思考，創造性が必要となってくるのです。

　以上のような，時代の基本的流れ・潮流を読むことによって，時代や現実社会の現象を分析し，これからの「生き方・学び方・働き方」を考える必要があります。

（2）企業や雇用環境の変化——日本的経営の転換期

　次に，「企業や雇用環境の変化」を考えてみましょう（図表28参照）。

　日本は，現在，政治・経済・社会・教育・文化等のすべてが大きな変革の波にさらされています。政治は，戦後長く続いた自民党独裁政治が崩壊し，2009年に民主党によるはじめての政権交代が実現しました。しかし，民主党政権もなかなか改革が進まず苦労しています。経済は，人口減少（生産者人口の減少）・高齢社会化・グローバル化によるアジア各国の急成長等の影響で，戦後最大の不況が続いています。その影響が，皆さんの就職に影響を与えています。

図表28　時代・企業・雇用環境の変化

時代・企業・雇用環境の変化―今なぜキャリア学習なのか

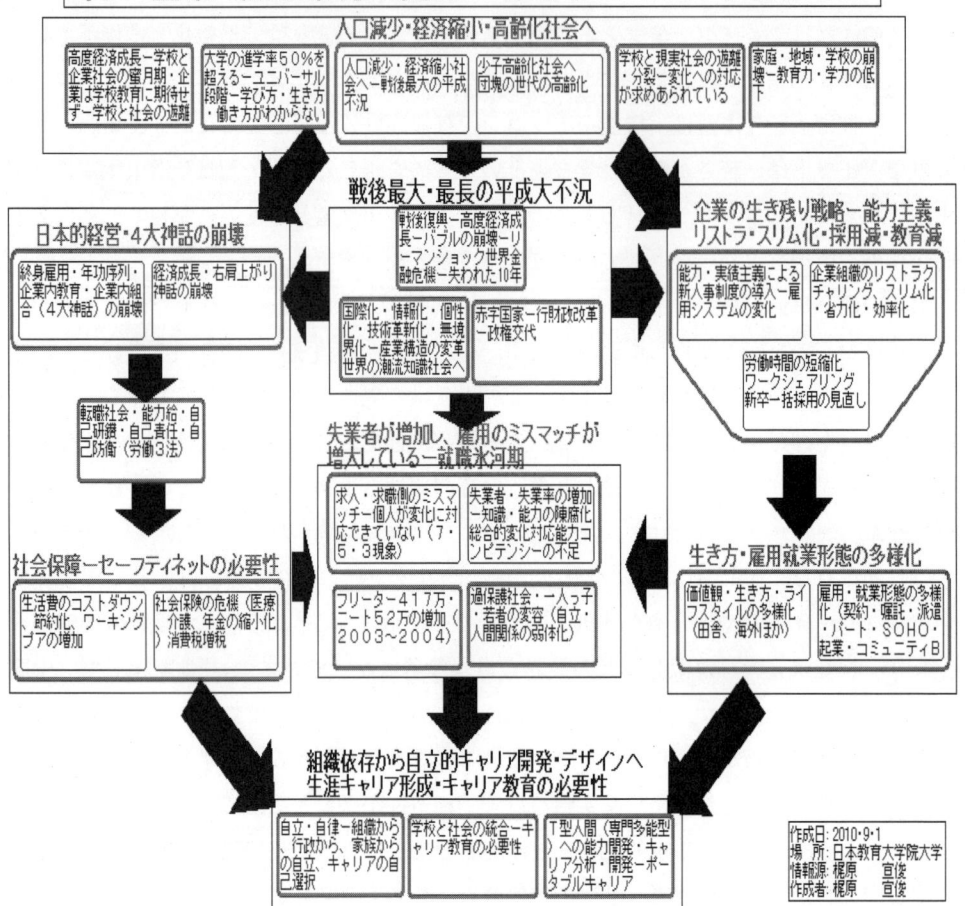

人口減少・経済縮小・高齢化社会へ

- 高度経済成長―学校と企業社会の雇用期・企業は学校教育に期待せず―学校と社会の遊離
- 大学の進学率50％を超える―ユニバーサル段階―学び方・生き方・働き方がわからない
- 人口減少・経済縮小社会へ―戦後最大の平成大不況
- 少子高齢化社会へ―団塊の世代の高齢化
- 学校と現実社会の遊離・分裂・変化への対応が求めあれれている
- 家庭・地域・学校の崩壊―教育力・学力の低下

戦後最大・最長の平成大不況

- 戦後復興―高度経済成長―バブルの崩壊―リーマンショック世界金融危機―失われた10年
- 国際化・情報化・個性化・技術革新・無境界化―産業構造の変革 世界の潮流知識社会へ
- 赤字国家―行財政改革―政権交代

日本的経営・4大神話の崩壊

- 終身雇用・年功序列・企業内教育・企業内組合（4大神話）の崩壊
- 経済成長・右肩上がり神話の崩壊

↓

- 転職社会・能力給・自己研鑽・自己責任・自己防衛（労働3法）

↓

社会保障―セーフティネットの必要性

- 生活費のコストダウン、節約化、ワーキングプアの増加
- 社会保険の危機（医療、介護、年金の縮小化）消費税増税

企業の生き残り戦略―能力主義・リストラ・スリム化・採用減・教育減

- 能力・実績主義による新人事制度の導入―雇用システムの変化
- 企業組織のリストラクチャリング、スリム化・省力化・効率化
- 労働時間の短縮化 ワークシェアリング 新卒一括採用の見直し

↓

失業者が増加し、雇用のミスマッチが増大している―就職氷河期

- 求人・求職側のミスマッチ―個人が変化に対応できていない（7・5・3現象）
- 失業者・失業率の増加―知識・能力の陳腐化 総合的変化対応能力コンピテンシーの不足
- フリーター417万、ニート52万の増加（2003〜2004）
- 過保護社会・一人っ子・若者の変容（自立・人間関係の弱体化）

↓

生き方・雇用就業形態の多様化

- 価値観・生き方・ライフスタイルの多様化（田舎、海外ほか）
- 雇用・就業形態の多様化（契約・嘱託・派遣・パート・SOHO・起業・コミュニティB

↓

組織依存から自立的キャリア開発・デザインへ 生涯キャリア形成・キャリア教育の必要性

- 自立・自律―組織から、行政から、家族からの自立、キャリアの自己選択
- 学校と社会の統合―キャリア教育の必要性
- T型人間（専門多能型）への能力開発・キャリア分析・開発―ポータブルキャリア

作成日：2010・9・1
場所：日本教育大学院大学
情報源：梶原宣俊
作成者：梶原宣俊

　高度成長時代の企業は、「作れば売れる時代」で、大量生産・大量消費をめざして、多くの新入社員を採用して、企業内教育で鍛えてきました。当時の日本企業は、「ジャパニーズ・マネジメント（日本的経営）」と呼ばれて世界から注目されていました。その中身が「日本企業の４大神話」といわれてきた①終身雇用、②年功序列、③企業内教育、④企業内組合の４点です。

　①終身雇用とは、入社すれば60歳（当時）の定年まで安心して働ける雇用環境のことです。真面目に働き、悪いことさえしなければ全員定年までの雇用が保障されていました。②年功序列とは、年齢によって基本給が定められ、役職も年齢が上がるにつれ昇進すると

いう制度です。③企業内教育とは，新入社員研修から，フォロー研修，主任リーダー研修，管理職（係長・課長）研修，幹部研修（部長以上），定年前研修，という定年までの研修教育システムが確立されていました。自分で，お金を払って勉強しなくても会社がすべて面倒をみてくれたのです。大企業のなかには，国内外の大学院（MBA）留学制度までありました。④企業内組合は，1960年代まではストライキなどの労働争議がありましたが，以後は「労使協調」（労働者と経営者側が話し合いで協調すること）が基本となり，ストライキも減少しました。

以上の４大神話は，相互に深く関係した日本独自な企業経営風土として高く評価されていたのですが，1990年代以降むしろそのマイナス面が強調され，現在さま変わりしてきています。つまり，終身雇用が崩壊しつつあり，非正規社員（派遣，契約，パート等）が増加し，年功序列も「成果主義」や「目標管理」に取って代わろうとしています。「成果主義」とは，仕事の業績・実績を毎年評価して，給与が上下する制度です。しかし，この制度はこれまでの家族主義的な企業風土を壊し，「意欲やチームワーク」という日本のよさをなくすという批判もあり，現在過渡期にあるといえましょう。企業内研修は，大幅に縮小されわずかに新入社員研修のみが生き残っている状況です。企業内組合も，組合員組織率が低下していますが，今のところ「労使協調」路線は基本的に変わっていません。しかし，今後不況が続けば，どう変化するかはわかりません。

以上のような大きな変化のなかで，厳しい就職状況が現出しているわけですが，大事なことは，これからは企業や組織に依存するすることなく，自ら主体的に学び，仕事の専門性を高め，生涯キャリア形成をしていくしかないということです。それが，現在「キャリア教育」が叫ばれ，普及しつつある理由です。

皆さんにとって，現在の就職状況は「ピンチ」でありますが，嘆いていてもしかたありません。この「ピンチ」を「チャンス」ととらえる積極的な心構え・生き方が必要ではないでしょうか。

（３）大学卒就職率の推移と就職内定率の推移

それではここで，前述した戦後経済の変化と関連させながら，大学卒就職率の推移と就職内定率の推移を見てみましょう。

「学歴別就職者数および大学卒就職率の推移」（図表29）を見てみると，1964年までは中卒就職者がもっとも多く，「金の卵」と呼ばれていた時代です。2010年の中卒就職者は，わずか5000人と激減しています。高卒就職者は，1965～97年までがもっとも多く，1967～1968年は「団塊の世代」94万人が社会人となりました。1970年代後半～90年代初めまでは，

毎年60万人の高卒就職者がいましたが，1990年代半ばにかけて急減し，2010年には16.9万人と大卒就職者の半分になっています。1998年以降は，大卒就職者が32.9万人で最多となり，学卒就職者全体の53.4％を占めています。大卒の就職率は2000年代前半に50％台となり，これが「就職氷河期」と呼ばれた時代です。2005年から一時期回復しましたが，2010年には60.8％と過去最大の対前年落ち込みとなっています。ただし，この数字は進学者を含んでおり，大卒者全体のなかの比率ですから，実際の就職率（就職希望者に占める比率）はさらに高くなります。

　それでは，図表30「就職（内定）率の推移」（就職希望者に占める比率）を見てみましょう。2009年から就職（内定）率が下がってきていることがわかります。しかし，内定率は低くても就職率は高くなっていますから（つまり最後はかなり決まっている），内定が決まらないからとあまり心配する必要はありません。2010年4月1日現在の就職率は91.8％と過去最低の2000年91.1％につぐ低さになってはいますが，就職を希望し努力すれば9割は就職できるのですから，必要以上に心配することはありません。

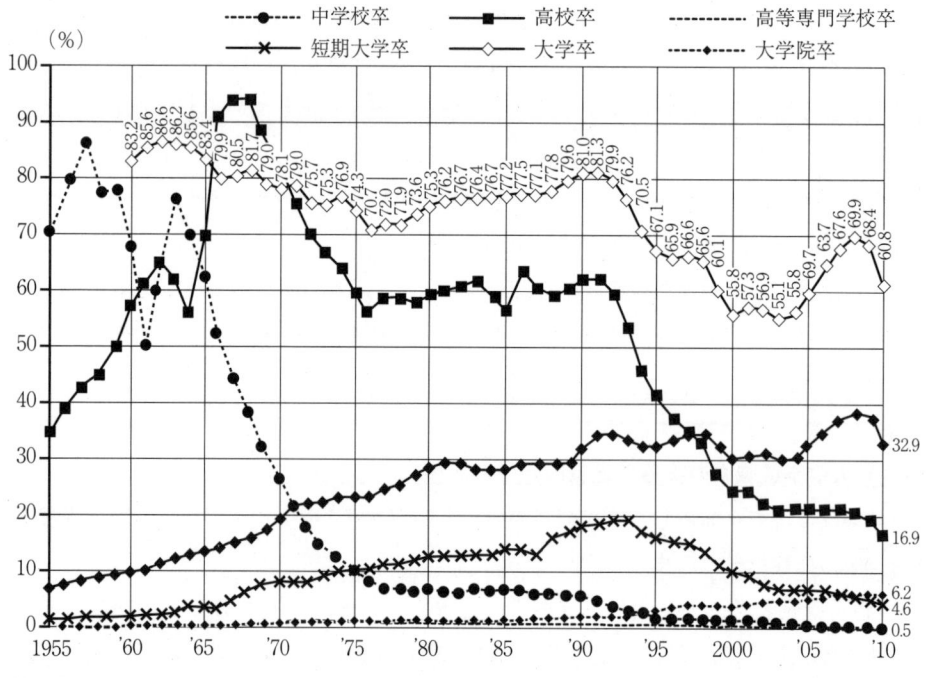

図表29　学歴別就職者数および大学卒就職率の推移

(社会実情データ図録)
(注) 各年3月卒業生の就職者総数（大学院卒は修士課程卒を含む）と大学卒就職率（ともに進学就職者を含む）
(資料) 文部科学省「学校基本調査」（各年5月1日現在）

第10章　現実社会を知る：時代・企業・雇用環境分析【ステップ2】　*83*

　大事なことは，この現実を直視したうえで，自らの職業目標，キャリアデザインを真剣に考え，計画的に実行することです。
　参考のために，図表31「企業が重視する素質・態度，知識・能力」（「産業界の求める人材像と大学教育の期待に関するアンケート結果」㈳日本経済団体連合会，2011.1.18）を示しておきます。企業が重視するベスト3は，「主体性」「コミュニケーション能力」「実行力」であり，この「キャリアデザイン」での学びが直結していることが理解できると思います。また図表32は，経済同友会教育委員会が調査した「企業経営者が若者をどう見ているか」のデータです。

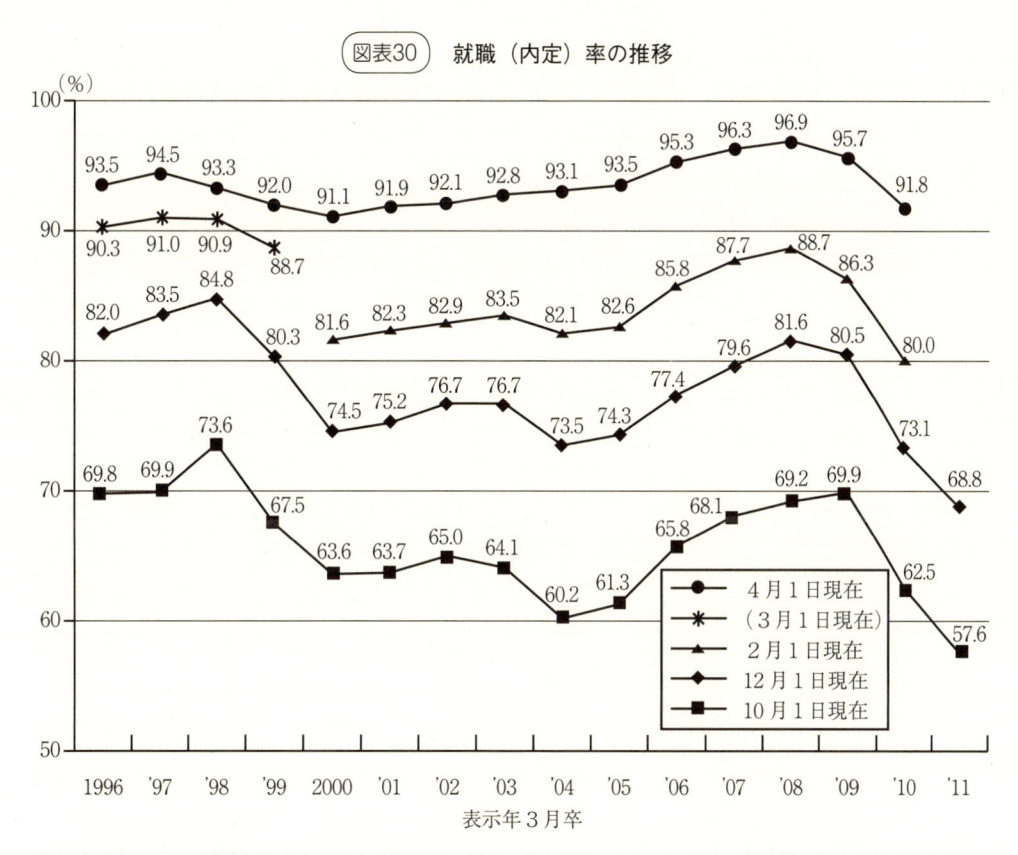

図表30　就職（内定）率の推移

年（3月卒）	4月1日現在	(3月1日現在)	2月1日現在	12月1日現在	10月1日現在
1996	93.5	90.3	82.0	69.8	
'97	94.5	91.0	83.5	69.9	
'98	93.3	90.9	84.8	73.6	
'99	92.0	88.7	80.3	67.5	
2000	91.1		81.6	74.5	63.6
'01	91.9		82.3	75.2	63.7
'02	92.1		82.9	76.7	65.0
'03	92.8		83.5	76.7	64.1
'04	93.1		82.1	73.5	60.2
'05	93.5		82.6	74.3	61.3
'06	95.3		85.8	77.4	65.8
'07	96.3		87.7	79.6	68.1
'08	96.9		88.7	81.6	69.2
'09	95.7		86.3	80.5	69.9
'10	91.8		80.0	73.1	62.5
'11			68.8	57.6	

（注）内定率とは，就職希望者に占める内定取得者の割合。各大学等において，所定の調査対象学生を抽出した後，電話・面接等の方法により，性別，就職希望の有無，内定状況等につき調査。全国の大学，短期大学，高等専門学校，専修学校の中から，設置者・地域の別等を考慮して抽出した112校についての調査。調査校の内訳は，国立大学21校，公立大学3校，私立大学38校，短期大学20校，高等専門学校10校，専修学校20校。調査対象人員は，6,250人（大学，短期大学，高等専門学校併せて5,690人，専修学校560人）。（以上2011年の数字）。
（資料）厚生労働省・文部科学省「大学等卒業予定者の就職内定状況調査」

図表31 企業が重視する素質・態度，知識・能力

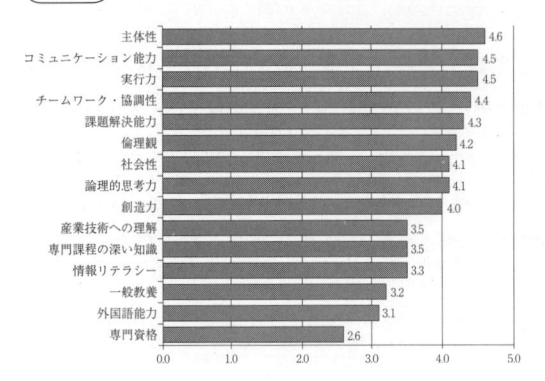

項目	ポイント
主体性	4.6
コミュニケーション能力	4.5
実行力	4.5
チームワーク・協調性	4.4
課題解決能力	4.3
倫理観	4.2
社会性	4.1
論理的思考力	4.1
創造力	4.0
産業技術への理解	3.5
専門課程の深い知識	3.5
情報リテラシー	3.3
一般教養	3.2
外国語能力	3.1
専門資格	2.6

(「産業界の求める人材像と大学教育の期待に関するアンケート結果」㈳日本経済団体連合会，2011.1.18, p.16)
(注)非常に重視する＝5ポイント，重視する＝4ポイント，普通で良い＝3ポイント，余り重視しない＝2ポイント，重視しない＝1ポイントで計算，n＝594社

図表32 企業経営者が見る若者の強み・弱み

優れている	①	ITリテラシー	81.7%
	②	感　性	47.9
	③	環境適応力	39.4
	④	国際性	34.0
	⑤	協調性	25.5
	⑥	プレゼンテーション力	23.7
不足している	①	忍耐力	73.8%
	②	問題解決能力	54.6
	③	市民としての自覚	52.8
	④	課題発見能力	46.2
	⑤	チャレンジ精神	45.9
	⑥	責任感	45.7

(経済同友会教育委員会，2003年)
(注)経営者387人，複数回答

―【チェックポイント】―
　現実を冷静に分析，認識することは大切ですが，あまり学生に危機感をあおりすぎることはマイナスになります。安心して就活に打ち込めるよう配慮します。

2．ミスマッチの現実――就職活動の早期化・長期化と早期離職

　次に，最近問題となっている就職（内定）率の低さや就職活動の早期化・長期化・早期離職等の背景には，4種類のミスマッチが潜在しているようです（図表33参照）。

　ひとつは，「大企業志向」の学生と「中小企業の意欲的な求人」とのミスマッチです。現在，大学生の求人倍率は，2011年で1.28倍（2010年1.62倍）です。内訳は，大企業が0.47倍（2010年0.38倍），中小企業（300人未満）が4.41倍（2010年8.43倍）になっています（リクルートワークス研究所求人倍率調査）。大企業は大学生1人に1社の求人もなく，中小企業は1人に4社以上の求人があることになります。皆さんが大企業に集中すると競争が激化し，なかなか内定がもらえないということになります。若者の「大企業志向」は1970年代から続いていますが，そろそろ転換期にきていると思われます。日本経済は，1割の大企業と9割の中小企業で成り立っています。日本の中小企業は，優秀な人材が活躍をして経済発展を牽引してきたともいえます。日本の中小企業のすばらしさを学び，おおいに中小企業に関心をもつことが大事です。

図表33

ミスマッチの現実

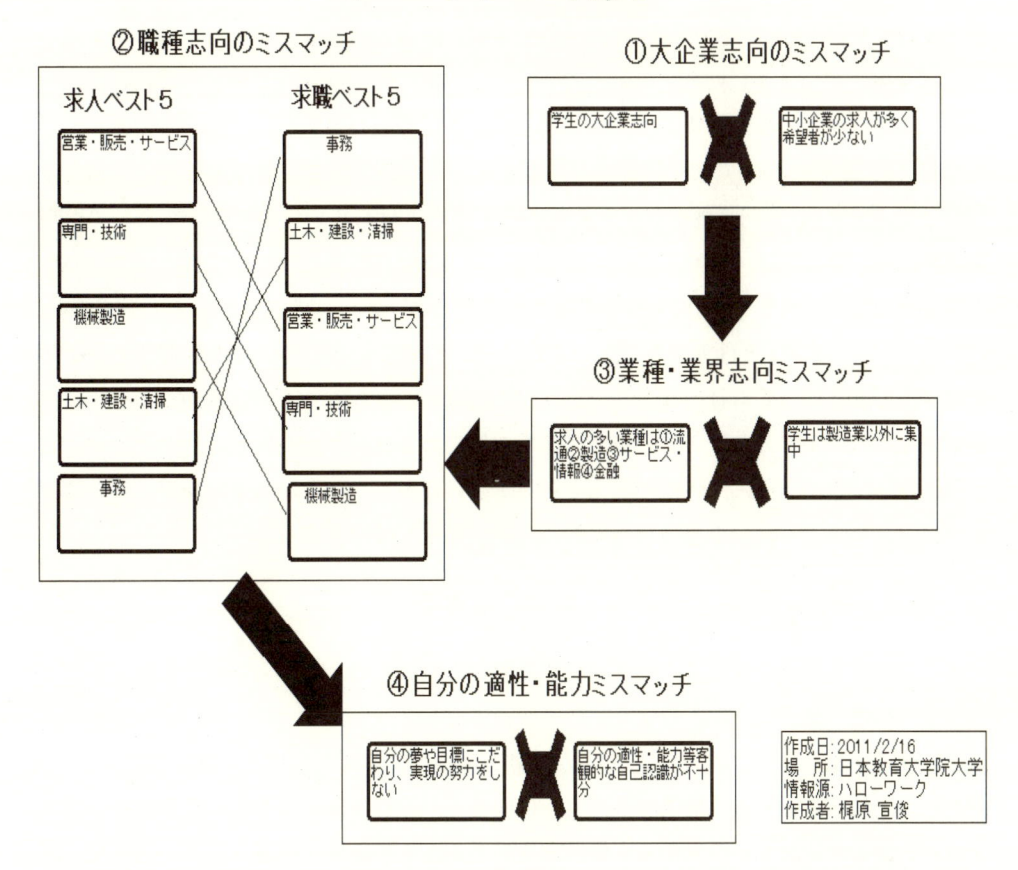

②職種志向のミスマッチ

求人ベスト5／求職ベスト5
- 営業・販売・サービス ／ 事務
- 専門・技術 ／ 土木・建設・清掃
- 機械製造 ／ 営業・販売・サービス
- 土木・建設・清掃 ／ 専門・技術
- 事務 ／ 機械製造

①大企業志向のミスマッチ

学生の大企業志向 × 中小企業の求人が多く希望者が少ない

③業種・業界志向ミスマッチ

求人の多い業種は①流通②製造③サービス・情報④金融 × 学生は製造業以外に集中

④自分の適性・能力ミスマッチ

自分の夢や目標にこだわり、実現の努力をしない × 自分の適性・能力等客観的な自己認識が不十分

作成日：2011/2/16
場　所：日本教育大学大学院
情報源：ハローワーク
作成者：梶原 宣俊

　2つ目のミスマッチは、「業種・業界志向」のミスマッチです。現在求人の多い企業の業種別順位は、①流通業、②製造業、③サービス・情報業、④金融業となっています。このなかで、①②はここ数年求人数を減らしてきていますが、それでも順位は変わりありません。特に、製造業を希望する学生が減少していることが、最大のミスマッチといえるでしょう。いわゆる「ものづくり」が得意な日本企業の良さを継続発展させるために、おおいに「ものづくり」に関心をもちましょう。

　3つ目のミスマッチは、「職種のミスマッチ」です。ハローワークで求人職種の調査をしてみれば、すぐにわかります。筆者は、ハローワークで1年間キャリアコンサルタントとして働き、そのミスマッチの現実を調査し、求人ベスト5と求職ベスト5を図表33②のように作成しました。線で結ぶと、そのミスマッチぶりがよくわかります。平行線はひと

つもありません。「事務系」を希望する学生は相変わらず多いですが，求人は減少してきています。IT化の流れや，非正規社員の増加が背景にあります。これからの事務職は何らかの専門性を求められています。たとえば，ITに強いとか，簿記会計の専門性などが必要なのです。「土木・建設関連」は，「公共事業の削減」により倒産する企業も増えて，求人は減少しています。「営業・販売・サービス」は，求人が多いけれど，求職者数はそれほど多くはありません。特に「営業」は，嫌う人が多いのですが，どの企業においても「営業」は欠かすことのできない重要な仕事です。人と接することが好きな人には適した職種といえます。「専門・技術」や「機械製造」も求人はあるのに希望者が少ないのが現実です。

　4つ目のミスマッチは，「自分自身の適性・能力」と「夢・目標」とのミスマッチです。「夢や目標」をもつことは大事なことですが，それを実現するためには大きな努力が必要です。努力せずに，夢や目標ばかりを追うと，転職をかさねることになりかねません。自己理解を十分にふまえたうえで，自分の適職を見定めることが重要です。

　以上述べてきたように，時代の変化や企業・求人の現実をしっかり学びながら，ミスマッチにならないよう自分の適職を現実的に選択・決定していきましょう。

3．地域・郷土の歴史と未来──地域に生きる

　ここで，少し視点を変えて，皆さんが住んでいる地域や郷土について考えてみましょう。皆さんの地域・郷土は，住みやすく，活気があるでしょうか。

　「地方の時代」といわれて久しいですが，地方は不況の影響をもっとも強く受けており，各地域は「地域再生」や「地域の活性化」に向けて，産官学民が協力をして取り組んでいます。皆さんがこれからの生き方・働き方を考えるとき，地域の問題は避けて通れない課題です。私たちは生まれ育った地域・郷土の歴史や現状の課題などをほとんど知らずに生活してきたのではないでしょうか。「地域で生きる・働く」ということも「キャリデザイン」を考えるときに重要な選択肢のひとつです。

　バブル経済が崩壊し，世界的な金融不安や我が国の行財政改革が進行するなかで，地方の地域活性化・再生は今や焦眉の課題となっています。少子高齢化，人口減少のなかで，これからの日本社会の発展の鍵は「地域」にあるといえるでしょう。地方では，経済産業が衰退し，商店街がさびれ，雇用が深刻な課題となっています。したがって，就職は厳しい状況にありますが，各地域では行政やNPOが中心となり「地域活性化」への多様な取り組みがなされています。

　筆者は，これまで移動大学運動に参画し，その後民間の生涯教育団体で働きながら，地

域の活性化のためにNPOやボランティア活動を経験してきました。その実践経験から地域活性化の課題は，①まちづくりの実践と理論・研究・政策の遊離，②産官学民のネットワーク力不足とネットワーカー不在，③有能な地域コーディネーター・リーダーの不足であると考えています。

一方，「まちづくり・地域活性化」は，1970年代から従来型の経済成長路線や工業的大規模開発の反省から注目され，国の政策としては1990年の「過疎地域活性化特別措置法」以降活発化してきました。1998～99年にかけて，いわゆる「まちづくり三法」（都市計画法改正・大店立地法・中心市街地活性化法）が施行され，2002年には「地方再生特別措置法」や「構造改革特別区域法」が成立し，地方分権や道州制が現在では注目を浴びています[3]。

2008年には，第1回地域活性化戦略チームが「地方再生5原則」（補完性・自立・共生・総合性・透明性）を提唱し，地域活性化関係4施策（都市再生・構造改革特区・地域再生・中心市街地活性化）を地域活性化統合本部で掌握し窓口の一元化を行い，地方再生に対する政府の総合的・一体的支援を推進しようとしています。そして，あらかじめメニューを定めず，地域の自由な取り組みをそのまま受け止め，国が直接支援する「地方の元気再生事業」がスタートしています[4]。国もようやく行政主導の限界を感じ，「地域の実情にもっとも精通した住民，NPO，企業等が中心となり，地方公共団体との連携の下で立案された実現性の高い効果的な計画に対し，国は集中的に支援」（補完性の原則）することになったのです。

以上のような状況をふまえながら，自分の地域・郷土を調べ，現状の課題と解決策・ビジョンを作成してみましょう（図表34，筆者の鹿児島の事例参照）。

4．シティズンシップとシティズン・リテラシー

シティズンシップとは，多様な社会を理解し，自分の役割や義務を知り，そのメリットや権利を活かすことをいいます。そのためには，社会に対して受身で適応するだけでなく，積極的に「社会を育てる，改善する，創造する」市民としての知識・スキルを身につけることが大切です。それを「シティズン・リテラシー」と呼んでいます。人間は，歴史・文化・家族・地域・日本・世界のなかでつながって生きており，一人で生きているわけではありません[5]。

また，「民主主義社会」とは，人民・国民が統治する社会のことであり，「チェックアンドバランスとリーダーシップ」が必要不可欠になります。日本も，戦後「民主主義社会」として再出発し，憲法には「主権在民」が謳われ，健康で文化的な最低限度の生活を

図表34　鹿児島の歴史と将来ビジョン

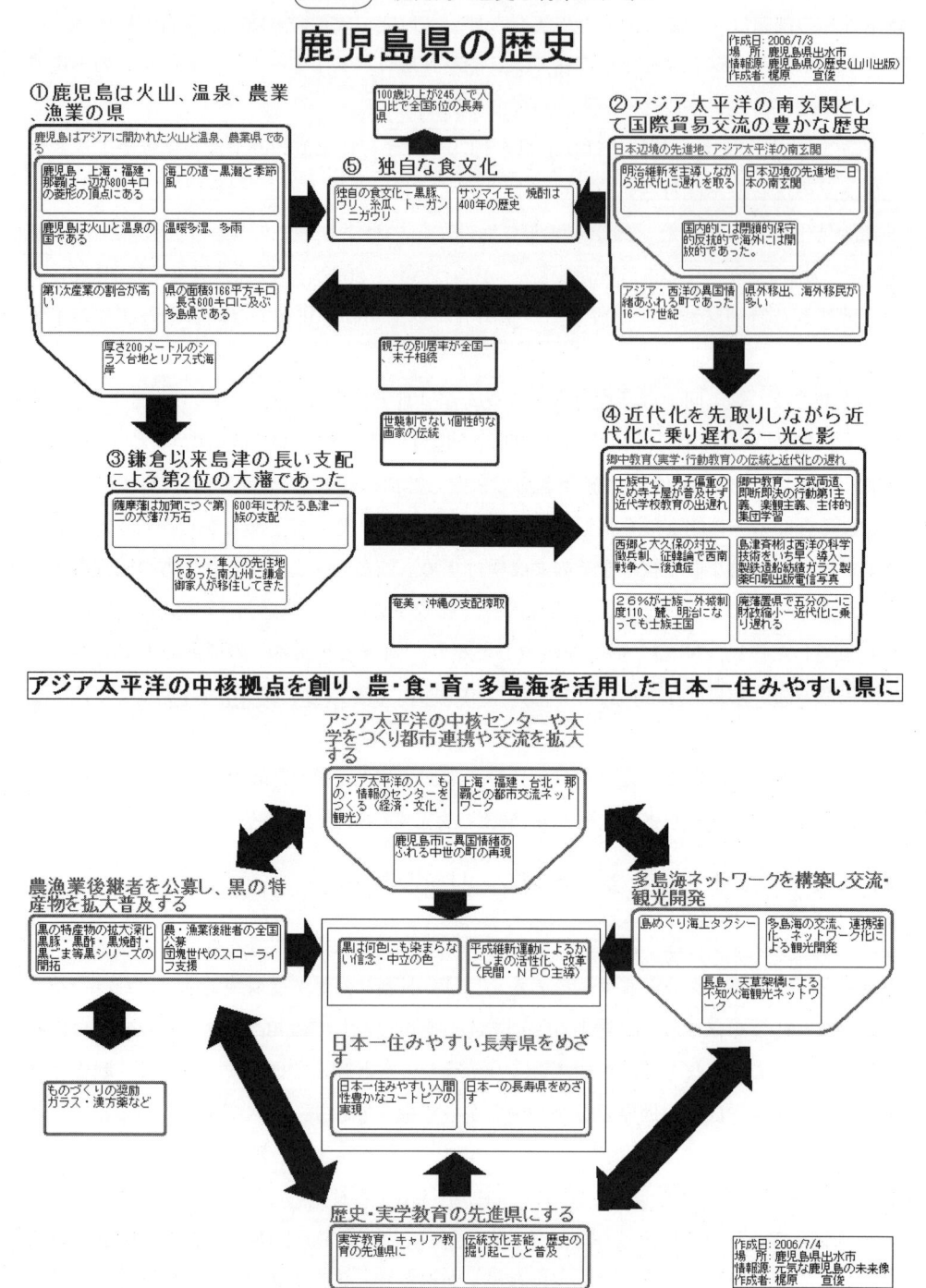

鹿児島県の歴史

作成日：2006/7/3
場　所：鹿児島県出水市
情報源：鹿児島県の歴史（山川出版）
作成者：梶原　宣俊

① 鹿児島は火山、温泉、農業、漁業の県
- 鹿児島はアジアに開かれた火山と温泉、農業県である
- 鹿児島・上海・福建・那覇は一辺が800キロ菱形の頂点にある
- 海上の道ー黒潮と季節風
- 鹿児島は火山と温泉の国である
- 温暖多湿、多雨
- 第1次産業の割合が高い
- 県の面積9166平方キロ長さ600キロに及ぶ多島県である
- 厚さ200メートルのシラス台地とリアス式海岸

100歳以上が245人で人口比で全国5位の長寿県

⑤ 独自な食文化
- 独自の食文化ー黒豚、ウリ、糸瓜、トーガン、ニガウリ
- サツマイモ、焼酎は400年の歴史

② アジア太平洋の南玄関として国際貿易交流の豊かな歴史
- 日本辺境の先進地、アジア太平洋の南玄関
- 明治維新を主導しながら近代化に遅れを取る日本辺境の先進地－日本の南玄関
- 国内的には閉鎖的保守的反抗的で海外には開放的であった。
- アジア・西洋の異国情緒あふれる町であった16～17世紀
- 県外移出、海外移民が多い

- 親子の別居率が全国一、末子相続
- 世襲制でない個性的な画家の伝統

③ 鎌倉以来島津の長い支配による第2位の大藩であった
- 薩摩藩は加賀につぐ第二の大藩77万石
- 600年にわたる島津一族の支配
- クマソ・隼人の先住地であった南九州に鎌倉御家人が移住してきた

- 奄美・沖縄の支配搾取

④ 近代化を先取りしながら近代化に乗り遅れるー光と影
- 郷中教育（実学・行動教育）の伝統と近代化の遅れ
- 士族中心、男子偏重のため寺子屋が普及せず近代学校教育の出遅れ
- 郷士教育ー文武両道、即断即決の行動第1主義、楽観主義、主体的集団学習
- 西郷と大久保の対立、徴兵制、征韓論で西南戦争ー後遺症
- 島津斉彬は西洋の科学技術をいち早く導入ー製鉄造船結綿ガラス製楽印刷出版電信写真
- 26％が士族ー外城制度110、麓、明治になっても士族王国
- 廃藩置県で五分の一に財政縮小ー近代化に乗り遅れる

アジア太平洋の中核拠点を創り、農・食・育・多島海を活用した日本一住みやすい県に

アジア太平洋の中核センターや大学をつくり都市連携や交流を拡大する
- アジア太平洋の人・もの・情報のセンターをつくる（経済・文化・観光）
- 上海・福建・台北・那覇との都市交流ネットワーク
- 鹿児島市に異国情緒あふれる中世の町の再現

農漁業後継者を公募し、黒の特産物を拡大普及する
- 黒の特産物の拡大深化ー黒豚・黒酢・黒焼酎・黒ごま等黒シリーズの開拓
- 農・漁業後継者の全国公募ー団塊世代のスローライフ支援

多島海ネットワークを構築し交流・観光開発
- 島めぐり海上タクシー
- 多島海の交流、連携強化、ネットワーク化による観光開発
- 長島・天草架橋による不知火海観光ネットワーク

- 黒は何色にも染まらない信念・中立の色
- 平成維新運動によるかごしまの活性化、改革（民間・NPO主導）

- ものづくりの奨励ガラス・漢方薬など

日本一住みやすい長寿県をめざす
- 日本一住みやすい人間性豊かなユートピアの実現
- 日本一の長寿県をめざす

歴史・実学教育の先進県にする
- 実学教育・キャリア教育の先進県に
- 伝統文化芸能・歴史の掘り起こしと普及

作成日：2006/7/4
場　所：鹿児島県出水市
情報源：元気な鹿児島の未来像
作成者：梶原　宣俊

する権利が保障されていますが、きわめて未熟な民主主義社会で、多くの課題を抱えています。「シティズン・リテラシー」を体得するには、政治・経済・社会の仕組みを理解し、主体的に考え、発言・行動し、参画することが求められます。真の参画民主主義社会を実現するには、メディア・情報リテラシーやコミュニケーション能力が重要になります（図表35参照）。また、これから皆さんが就職し、社会人として働いていくときに大事な法律が「労働三法と労働三権」です。労働三法とは「労働関係調整法」「労働基準法」「労働組合法」のことで、労働三権とは「団結権」「団体交渉権」「団体行動権」のことをいいます[6]。

これまで「キャリアデザイン」で学んできたことは、単に就職するためだけでなく、一

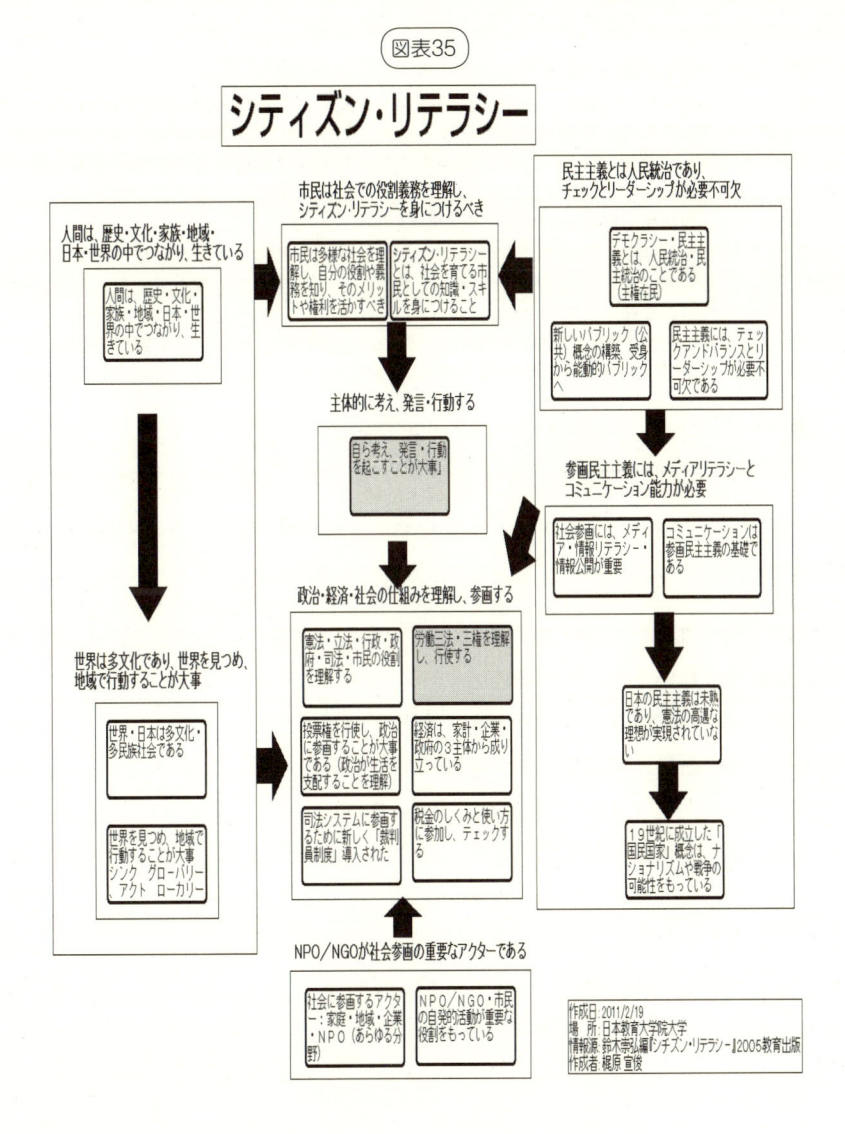

図表35

シティズン・リテラシー

市民は社会での役割義務を理解し、シティズン・リテラシーを身につけるべき

- 人間は、歴史・文化・家族・地域・日本・世界の中でつながり、生きている
  - 人間は、歴史・文化・家族・地域・日本・世界の中でつながり、生きている
- 市民は多様な社会を理解し、自分の役割や義務を知り、そのメリットや権利を活かすべき
- シティズン・リテラシーとは、社会を育てる市民としての知識・スキルを身につけること

民主主義とは人民統治であり、チェックとリーダーシップが必要不可欠

- デモクラシー・民主主義とは、人民統治・民主統治のことである（主権在民）
- 新しいパブリック（公共）概念の模索、受身から能動的パブリックへ
- 民主主義には、チェックアンドバランスとリーダーシップが必要不可欠である

主体的に考え、発言・行動する
- 自ら考え、発言・行動を起こすことが大事

参画民主主義には、メディアリテラシーとコミュニケーション能力が必要
- 社会参画には、メディア・情報リテラシー・情報公開が重要
- コミュニケーションは参画民主主義の基礎である

政治・経済・社会の仕組みを理解し、参画する
- 憲法・立法・行政・政府・司法・市民の役割を理解する
- 労働三法・三権を理解し、行使する
- 投票権を行使し、政治に参画することが大事である（政治が生活を支配することを理解）
- 経済は、家計・企業・政府の3主体から成り立っている
- 司法システムに参画するために新しく「裁判員制度」導入された
- 税金のしくみと使い方に参加し、チェックする

- 世界は多文化であり、世界を見つめ、地域で行動することが大事
  - 世界・日本は多文化・多民族社会である
  - 世界を見つめ、地域で行動することが大事 シンク グローバリー アクト ローカリー

- 日本の民主主義は未熟であり、憲法の高遠な理想が実現されていない
- 19世紀に成立した「国民国家」概念は、ナショナリズムや戦争の可能性をもっている

NPO／NGOが社会参画の重要なアクターである
- 社会に参画するアクター：家庭・地域・企業・NPO（あらゆる分野）
- NPO／NGO・市民の自発的活動が重要な役割をもっている

作成日：2011/2/19
場　所：日本教育大学院大学
情報源：鈴木崇弘編『シティズン・リテラシー』2005 教育出版
作成者：梶原宣俊

市民，社会人として生きるために必要なことなのです。

　日本国憲法は，「国民主権」「平和主義」「基本的人権の尊重」を三大原則とし，前文では次のように書かれています。

憲法前文

　日本国民は，正当に選挙された国会における代表者を通じて行動し，われらとわれらの子孫のために，諸国民との協和による成果と，わが国全土にわたつて自由のもたらす恵沢を確保し，政府の行為によつて再び戦争の惨禍が起ることのないやうにすることを決意し，ここに主権が国民に存することを宣言し，この憲法を確定する。そもそも国政は，国民の厳粛な信託によるものであつて，その権威は国民に由来し，その権力は国民の代表者がこれを行使し，その福利は国民がこれを享受する。これは人類普遍の原理であり，この憲法は，かかる原理に基くものである。われらは，これに反する一切の憲法，法令及び詔勅を排除する。

　日本国民は，恒久の平和を念願し，人間相互の関係を支配する崇高な理想を深く自覚するのであつて，平和を愛する諸国民の公正と信義に信頼して，われらの安全と生存を保持しようと決意した。われらは，平和を維持し，専制と隷従，圧迫と偏狭を地上から永遠に除去しようと努めてゐる国際社会において，名誉ある地位を占めたいと思ふ。われらは，全世界の国民が，ひとしく恐怖と欠乏から免かれ，平和のうちに生存する権利を有することを確認する。

　われらは，いづれの国家も，自国のことのみに専念して他国を無視してはならないのであつて，政治道徳の法則は，普遍的なものであり，この法則に従ふことは，自国の主権を維持し，他国と対等関係に立たうとする各国の責務であると信ずる。

　日本国民は，国家の名誉にかけ，全力をあげてこの崇高な理想と目的を達成することを誓ふ。

　以上の精神と現実社会との差異について，考え討論しましょう。

　次のチェックリストで，自分のシティズン・リテラシーの弱い点を認識し，強化していきましょう。項目ごとに，「A：よくできている，B：普通，C：できていない」の3段階で自己評価してみてください。

①　自分は家族・地域・日本・世界のなかでつながっており，一人で生きているのではないと考えている。	A　B　C
②　大事なことは，家族みんなで話し合いをしている。	A　B　C
③　地域の行事や活動に関心をもち，積極的に参加している。	A　B　C
④　日本の歴史・文化・社会に関心をもち学んでいる。	A　B　C
⑤　世界の歴史・文化・社会に関心をもち学んでいる。	A　B　C
⑥　世界は多文化社会であり，相互理解が大事であると考えている。	A　B　C
⑦　常に自ら考え，発言し，行動している。	A　B　C
⑧　社会をよりよくするために，考え，行動している。	A　B　C
⑨　個人も大事だが，公共も大事だと考えている。	A　B　C

⑩ メディア情報に振り回されず，自分で考え判断している。		A　B　C
⑪ 社会の一員としての自覚をもち，権利と義務を理解している。		A　B　C
⑫ 周りの多くの人々とコミュニケーションするよう努力している。		A　B　C
⑬ 日本の憲法と民主主義社会の現実を理解している。		A　B　C
⑭ 戦争のない平和な社会にするにはどうしたらよいか考えている。		A　B　C
⑮ 政治に関心をもち，投票には必ず参加している。		A　B　C
⑯ NPOやNGO等のボランティア活動に関心をもっている。		A　B　C
⑰ 労働三法や労働三権に関心をもっている。		A　B　C
⑱ 世界の動きや地球環境問題に関心をもっている。		A　B　C
⑲ 働くことは，市民の権利・義務であると考えている。		A　B　C
⑳ 社会は市民の力で改善することができると考えている。		A　B　C

　このような「シティズンシップ教育」は，ごく一部の大学を除き現在もっとも軽視されている視点・内容です。グローバルな視野から地域住民・市民・国民・地球市民としての義務・権利・責任や参画意識，行動力を育成していくことは，今後ますます重要になるでしょう。

注
1）城繁幸『若者はなぜ3年で辞めるのか―年功序列が奪う日本の未来』（光文社，2006）は，若者がわがままで忍耐力がなくなったから早期退職者が増えたという一般的な見方を否定し，ミスマッチや，政治家・官僚・経営者・組合が年功序列制を守り，若者を切り捨ててきたことが原因であると述べています。
2）拙著『情報喫茶アスキスからの発想―高度情報社会を生き抜く法』（IN通信社，1986）参照
3）内藤啓介他「各地の地域活性化事例からみた今後の地域振興の課題」みずほ総研論集IV号，2009，p.107
4）首相官邸・地域活性化統合本部「第1回地域活性化戦略チーム会合資料3」2008
5）我が国では「シティズンシップ教育」は「社会人基礎力」と同様，経済産業省が提唱していますが，看板が違うだけで実質的能力は，「キャリア教育・キャリアデザイン」の内容と同じであると思われます。経産省の「シティズンシップ」の定義は「多様な価値観や文化で構成される社会において，個人が自己を守り，自己実現を図るとともに，よりよい社会の実現に寄与するという目的のために，社会の意思決定や運営の過程において，個人としての権利と義務を行使し，多様な関係者と積極的に（アクティブに）関わろうとする資質」（経済産業省「シティズンシップ教育宣言」パンフレット）となっています。筆者は，児美川（2007）が『権利としてのキャリア教育』（明石書店，2007）で主張しているように，シティズンシップ教育とキャリア教育とは「有機的に結びつき，統一的に追求されなくてはならない」と考えています。さらに，「ルールを守る」だけでなく「ルールをつくる」方法，つまり社会を変革していく政治的スキルが含まれるべきであると考えています。特に，我が国の若者の政治離れ，無関心層が拡大しつつある状況では，政治の大切さや政治に参画することの重要性を経済不況や就職雇用情勢の厳しさという，切実で身近な問題と関連させて理解，考えさせることが大事なポイントであると考えています。

5）今野晴貴『マジで使える労働法』（イースト・プレス，2009）は労働法をわかりやすく，かつ実践的に解説しています。
6）「キャリアデザイン」は，教養教育や社会人基礎力，シティズンシップ教育を視野に入れた「社会で生きる力」を育成する科目であるといえます。小玉重夫は，ソクラテスから現代までの教育思想史を読み直し，教育改革論議に哲学のメスを入れ，「シティズンシップの教育を考えることは，近代教育思想（国民国家の教育思想として発展してきた：筆者注）を批判的に問い直す」ことであると述べています。（小玉重夫『シティズンシップの教育思想』現代書館，2003，p.19）

第11章
適職・天職を知る：就職目標決定　【ステップ3】
―適職・天職は誰にでもある―

1．適職・天職意思決定シートの作成

　それでは，自己理解を深め，現実社会理解を深めたところで，いよいよ適職・天職探索にはいります。次の適職・天職意思決定シートに記入してください。①自己キャリア分析には，明確になった得意なこと・強みベスト5を記入してください。次に，②やってみたいこと・夢・関心のある仕事・職業・業種・職種等のベスト5を記入してください。③市場・職業分析・求人状況については，関心のある職業に関して求人状況がどうなっているかを調べ，求人の多い順にベスト5を記入してください。必ず，優先順位を明確にして記入してください。「優先順位をつける」ということが，意思決定・決断するために必要不可欠なのです。最後に，①～③を総合的に判断して，自分の適職・天職ベスト5を決定し，記入してください。これは以後，自由に変更可能ですから，とりあえず現時点で勇気を出して意思決定・決断をしてください。

適職・天職意思決定シート

梶原宣俊作成

作成日： 年 月 日
場 所：
情報源：
作成者：

②やってみたいこと・夢・関心のある仕事・職業

1.
2.
3.
4.
5.

①自己キャリア分析・得意なこと・好きなこと

1.
2.
3.
4.
5.

④適職・天職ベスト5

1.
2.
3.
4.
5.

③市場・職業分析・求人状況

1.
2.
3.
4.
5.

2．意思決定・決断力

　意思決定・決断するということは，皆さんの人生にとってきわめて重要なことです。物心がついたころから，死ぬまで，皆さんは選択をし，決断して生きていくことになります。人生は，「選択と決断」の連続であり，「問題解決」の連続であるといえましょう。しかし，最近，意思決定・決断力が弱体化しつつあるといわれています。「選ぶ・決断する」ということは，それ以外は「捨て去る・あきらめる」ということです。それには，「勇気」が必要となります。「選択・決断」しても，間違っていたと思えば，やり直しがきくこともあります。就職はいくらでもやり直しがきくことです。とりあえず，勇気を出して決断しましょう。

　決断しないと何事も始まらないのです。「決断する」ということは，たとえていえば「崖から飛び降りる」ことです。なぜなら，決断後の人生や飛び降りた先，未来は誰にもわからないからです。「一寸先は闇」なのです。それでも，私たちは決断しなければなりません。まず，就職目標を決定しないことには，就職活動が始まらないのです。

3．個別支援

　この適職・天職意志決定，就職目標がなかなか決まらない人は，個別に相談を受けますので，講師まで申し出てください。

【チェックポイント】
　個別支援は，キャリアセンターや就職課の専門スタッフ（キャリアカウンセラーやキャリアコンサルタント）に紹介する方法もあります。

第12章
キャリア開発・就職活動計画・実行【ステップ4】
―計画と偶然がキャリアを形成する―

1．キャリア開発・就職活動計画の作成

　自分の職業目標が決まれば，あとは計画的に実行するだけです。大学卒業・就職までの当面の計画を次の表を参考にして，自由に創意工夫して各自作成しましょう。

月	学習計画	資格取得計画	就職活動	バイト・クラブ

2. 積極的な心構えの力学と消極的な心構えの力学

　人生は,「積極的な心構えで生きるか」「消極的な心構えで生きるか」によって大きく変わってきます。「消極的な心構え」とは,「ねたみ・欲張り・怒り・うぬぼれ・冷淡・優柔不断・劣等感」のことをいいます。このような心構えで日常生活を送っていますと,「軽率な・悲観的な・迫力のない・意地悪な・決断力のない」パーソナリティ（人格・人間性）が形成されます。その結果, 毎日,「不安・緊張・欲求不満・なまけ癖・失敗・病気・貧困・孤独・退屈」な人生を送ることになります。一方,「積極的な心構え」とは,「信頼・希望・愛・理解・先取り・期待・自信・忍耐・謙虚・信念」のことです。このような心構えで日常生活をおくっていると,「熱意がある・決断力がある・楽観的な・陽気な・思慮深い・親切な・礼儀正しい・誠実な・温和な・寛大な」パーソナリティ（人格・人間性）が形成されます。その結果,「成功・報酬・安心・行動力・幸福・感謝・成長・冒険・健康・友情・愛情・心の安らぎ」を得ることができます。すべては,「心構え」次第なのです。

　さて, 皆さんは, どちらの「心構え・生き方」を望みますか。誰でも,「積極的な生き方」をしたいと考えているでしょう。そのためには,「消極的な心構え」を捨てて, まず「積極的な心構え」をもつ必要があります。

　自分の人生目標・職業目標が決まれば, 誰でもやる気になり,「積極的な心構え」で生きるようになります。これまで,「自分で考え, 目標を決めること」から逃げてきたのではないでしょうか。「目標を自分で考え決める」ことによって, 皆さんも無限のエネルギーに火をつけることができます。無限のエネルギーは, 誰にも潜在しています。しかし, 点火しなければそのエネルギーは動力になりません。ちょうど, ガソリンが満タンの車でも, プラグで点火しなければ動かないのとよく似ています。プラグの役割を果たすのが,「自分で考え目標を決める」ことです。

3. 夢・目標を実現する方法——ダイナミック3V方式

　それでは, 決めた夢や目標を実現するためには, どうすればよいのでしょうか。当然, ただ思っているだけでは実現できません。「科学的な目標実現の方法」を実践しなければなりません。その方法にボブ・コンクリンの「ダイナミック3V方式」[1]というものがあります（図表36参照）。それは「バーバライズ（言葉に表す）・ビジュアライズ（イメージに描く）・バイタライズ（計画的に実行する）」という3つの方法です。目標を実現するためには, まず, ①その目標をバーバライズ（言葉に表す）しなくてはなりません。言葉に表

すつまり言語化の方法には，「紙に書く，公言する，心のなかで唱える」という3つの方法があります。公言するというのは，いわゆる「セルフプレッシャーメソッド」（第2章参照）というべきもので，人前で目標を宣言することにより，自分を逃げ場のない場所へ追いこむことです。そうすることによって，自らの潜在的能力やエネルギーをひきだすことができます。つまり，「火事場のバカぢから」の原理（極限状況に追い込まれると人間は信じられないような力を出すこと）を応用するのです。同時に，「私は無限の可能性をもつ人間である」「私は自分の夢・目標を実現することができる」「私は，目標を実現してみせる」という積極的肯定的自己宣言をつねに行うことが大切です。カードに書いて活用するのも有効な方法です。小学生みたいだとバカにしてはいけません。「言葉は人間に暗示をかける魔法の力」（日本でも言霊と言葉があります）をもっています。すでに，皆さんは，小さいころから親や先生に言われた言葉を信じ，暗示にかかっているといえます。これからは，「マイナス（否定的）」の暗示を解き，「プラス（肯定的）」の暗示をかけるようにしましょう。そうすれば，自信が湧き，意欲が湧いてくるはずです。次に，②ビジュアライズ（イメージ化）することです。これには「想像力」という能力が必要になります。目標達成したときの自己像を，明確に，そして鮮明にイメージ化することが大事です。これは，人間のもつ「想像力」というすばらしい力を活用するものです。豊かなイマジネーション能力は，決断力と行動力，やる気を刺激します。イメージがうまく浮かばない場合は，写真やイラストを利用しましょう。言語化し，視覚化したら，最後は，バイタライズ（計画的に実行）しなければなりません。この3つの「V」を実行することによって，自分の夢や目標を実現することができます。筆者は，このボブ・コンクリンの「ダイナミック3V方式」に出会ったとき，とても驚きました。それは，かつて筆者は，この「ダイナミック3V方式」と似たようなことを実践し，みじめで孤独な青春を体験していたからです。高校生から大学生にかけて，太宰治に心酔し，有名なエピグラムを暗唱し，自己否定的イメージを自分自身と重ね合せ，太宰と同じような生き方をしたいと願っていました。すると，ひ弱で，孤独な暗い性格や生活が実現しました。自分が考え，望んだとおりの人間になった気がしました。社会人になり，このままでは仕事ができないと思い，これまでの自己像を変え，心構えを変え，明るく元気で積極的な人生を歩みたいと思うようになりました。そうすると次第に人間関係や人生・生活が変わってきたのです。「**人間は自分が考えたとおりの人間になる**」という言葉は，4000年前のヒンズー教の教えにあるそうですが，筆者はまったくそのとおりであると考えています。ただし，人生は思いどおりになるとはかぎりません。

　最後に，「問題解決の3方法」についてふれておきます。人生は，ある意味で「問題解

決の連続」です。小さな問題から大きな問題までさまざまな問題に，これから直面するでしょう。そのときに，この３方法を思い出してほしいと思います。

　３つの方法とは，①状況を変える，②相手（他人）を変える，③自分を変えるの３つです。たとえば，皆さんが就職して，上司と合わずに悩んでいるとします。①**状況を変える**ということは，会社を辞めるということです。状況を丸ごと変えるということであり，転職して新しい状況に飛び込むということです。安易にこの方法を乱用すると，クセになります。次から次へと転職を繰り返すことになります。そのような若者が増えているといわれています。日本は，まだアメリカほどの転職社会ではありませんから，短期間の転職を繰り返すと再就職に不利になります。

　次に，②**相手（他人）を変える**という方法は，果たして実現可能でしょうか。筆者の考えでは，相手（他人）を自分の思いどおりに変えることは不可能だと思います。不可能なことを，やりたいと願っても仕方がありません。あきらめたほうが利口でしょう。

　最後に，③**自分を変える**という方法はどうでしょうか。これは，自分が本気でやろうと思えばできそうです。なぜなら，自分自身のことですから。自分を変える，自分が変わるということが，人間として成長することではないでしょうか。

　以上３つの方法を，自分が問題に直面し悩んでいるときに思い出してください。そして，③自分を変えるという方法を選択し，実行しつづけていかれることをお勧めします。そうすることによって，皆さんは仕事・社会生活を通じて大きく成長し，実力をつけていくことになります。

図表36　夢・目標を実現する方法

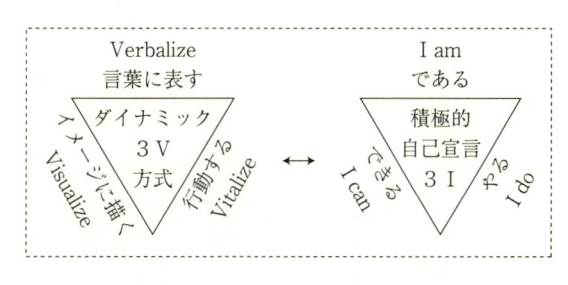

4．偶然を活用する能力——柔軟性とチャレンジ精神

　この章の最後で，「偶然を活用すること」の大切さを強調したいと思います。一見，これまで述べてきたことと矛盾するように思われるかもしれませんが，長い人生には多くの出会いと偶然のチャンスが舞い込んできます。

　そのときに，偶然の出会いやチャンスを活用する能力を高めておく必要があります。キャリア開発計画を立てることは重要なのですが，つねに柔軟に対応することも重要なのです。

　アメリカ・スタンフォード大学のジョン・D・クランボルツは，『その幸運は偶然ではないんです』（ダイヤモンド社，2005）を出版し「計画的偶発性理論」を発表しました。クランボルツは，約8割の人々が予想しない偶発的なことによってキャリア形成，つまり職業を選んでいることを実証しました。そして，「選択肢はいつもオープンにしておき，予期せぬチャンスを最大限活用すること」の大切さを強調しました。また，そのためには，①好奇心，②持続性，③柔軟性，④楽観性，⑤冒険心の5つが重要であると述べています。筆者も，この本を読み，おおいに共感しました。なぜなら，筆者自身，第2章の事例にもあるように偶然のチャンスでKJ法と出会い，YMCAと出会い，職業キャリア教育に出会い，今日があるからです。偶然が積み重なると必然に思えてくるのが不思議です（図表37参照）。

注
1）この「ダイナミック3V方式」とは，前述したボブ・コンクリンというアメリカの生涯教育研究者を中心に，多くの行動科学者，心理学者が18年かけて創りあげた「AIA」（心の冒険）という生涯設計プログラムの中核をなすものです。筆者は，この考えに影響を受け，自分の生き方，人生にもおおいに役立ったと考えています。

第12章　キャリア開発・就職活動計画・実行【ステップ4】　101

図表37

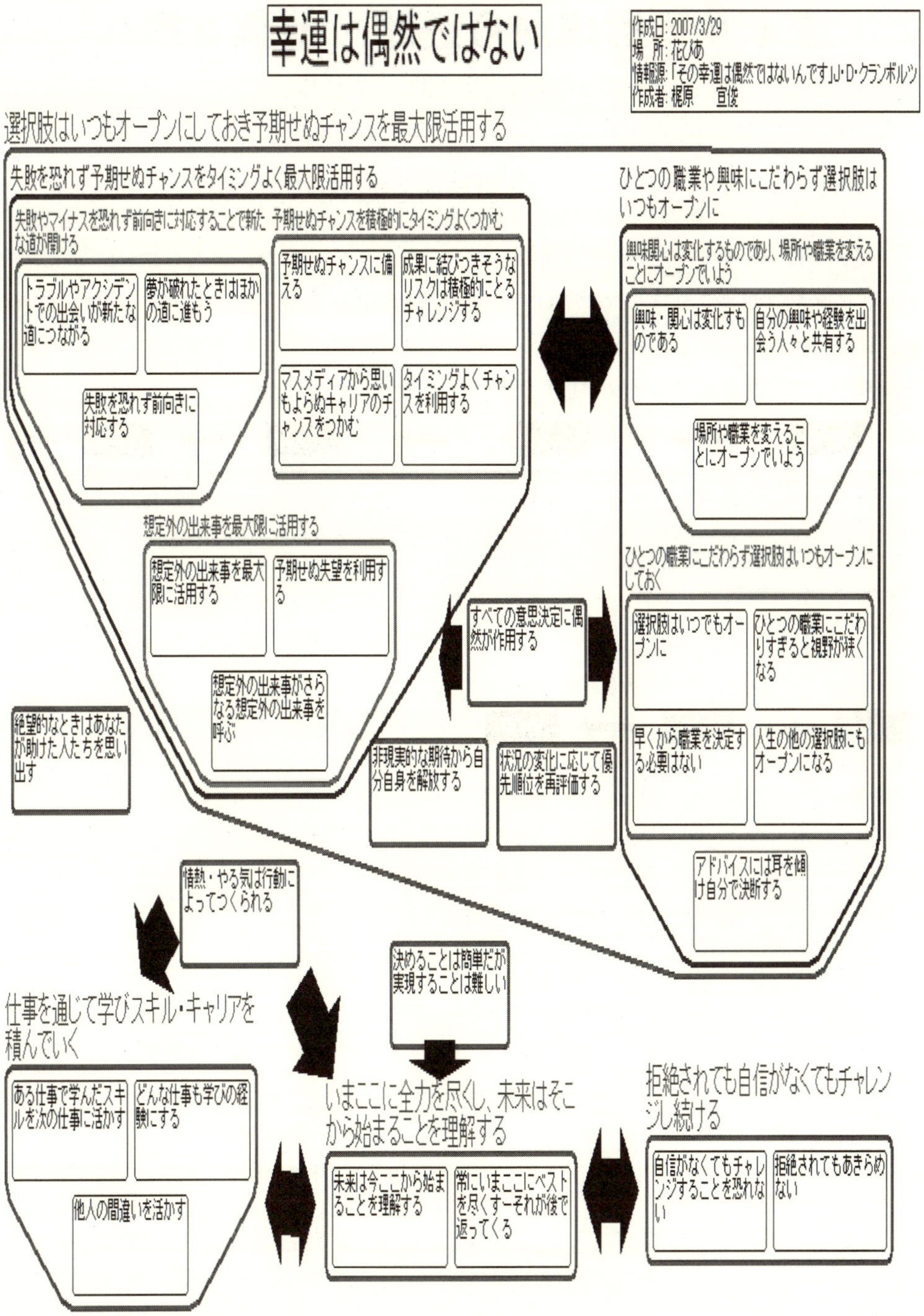

幸運は偶然ではない

作成日：2007/3/29
場　所：花ひめ
情報源：「その幸運は偶然ではないんです」J・D・クランボルツ
作成者：梶原　宣俊

選択肢はいつもオープンにしておき予期せぬチャンスを最大限活用する

失敗を恐れず予期せぬチャンスをタイミングよく最大限活用する

失敗やマイナスを恐れず前向きに対応することで新たな道が開ける
- トラブルやアクシデントでの出会いが新たな道につながる
- 夢が破れたときはほかの道に進もう
- 失敗を恐れず前向きに対応する

予期せぬチャンスを積極的にタイミングよくつかむ
- 予期せぬチャンスに備える
- 成果に結びつきそうなリスクは積極的にとるチャレンジする
- マスメディアから思いもよらぬキャリアのチャンスをつかむ
- タイミングよくチャンスを利用する

想定外の出来事を最大限に活用する
- 想定外の出来事を最大限に活用する
- 予期せぬ失望を利用する
- 想定外の出来事がさらなる想定外の出来事を呼ぶ

- 絶望的なときはあなたが助けた人たちを思い出す
- 非現実的な期待から自分自身を解放する
- 状況の変化に応じて優先順位を再評価する

すべての意思決定に偶然が作用する

ひとつの職業や興味にこだわらず選択肢はいつもオープンに

興味関心は変化するものであり、場所や職業を変えることにオープンでいよう
- 興味・関心は変化するものである
- 自分の興味や経験を出会う人々と共有する
- 場所や職業を変えることにオープンでいよう

ひとつの職業にこだわらず選択肢はいつもオープンにしておく
- 選択肢はいつでもオープンに
- ひとつの職業にこだわりすぎると視野が狭くなる
- 早くから職業を決定する必要はない
- 人生の他の選択肢にもオープンになる
- アドバイスには耳を傾け自分で決断する

- 情熱・やる気は行動によってつくられる
- 決めることは簡単だが実現することは難しい

仕事を通じて学びスキル・キャリアを積んでいく
- ある仕事で学んだスキルを次の仕事に活かす
- どんな仕事も学びの経験にする
- 他人の間違いを活かす

いまここに全力を尽くし、未来はそこから始まることを理解する
- 未来は今ここから始まることを理解する
- 常にいまここにベストを尽くす―それが後で返ってくる

拒絶されても自信がなくてもチャレンジし続ける
- 自信がなくてもチャレンジすることを恐れない
- 拒絶されてもあきらめない

第13章

キャリア形成から進路・就職支援へ
―就職活動の実践的ノウハウ―

1. 就職先を決める活動ステップと就職先企業情報の集め方

さて，これまで基本的なキャリア形成について学んできました。職業目標が決まり，キャリア開発計画が完成しました。これで，就職活動の前提が整ったわけです。計画を実行し，偶然のチャンスにも配慮しながら，これから就職活動が始まります。

就職先を決定する活動ステップは以下のようになります。

準備 → **行動** → **応募** → **面接**

- ・目標／条件設定
- ・家族との話し合い
- ・行動計画作成
- ・電話，パソコン等準備
- ・履歴書等の作成準備
- ・依頼先検討

- ・職安等登録，継続訪問，登録更新
- ・電話―確認，依頼
- ・訪問―確認，依頼
- ・情報閲覧
  （会社，職安，インターネット等）
- ・求人広告チェック
- ・DM
- ・関連情報入手

- ・企業調査
- ・面接準備
- ・現地下見
- ・情報入手
- ・待機

- ・対応
- ・礼状，報告
- ・待機

判断 → **入社** → **定着**

- ・企業調査
- ・条件確認
- ・連絡，報告

- ・相談
- ・連絡，報告

この手順に従って，行動を開始して応募先企業を決定してください。

参考のために，就職先企業情報の集め方を示しておきます。

個人的自力開拓	直接アプローチ	電話，DM，訪問による売込みで直接応募し求人発掘（やり方次第，米国では主）
	私的人脈	知人・友人・学友・親戚・恩師・出身学校の就職部の紹介（人脈効果は大）
	会社人脈	過去の職場の上司・同僚・取引先・ビジネス上の知人（人脈効果は大）
	公的紹介機関	職安・人材銀行・U/Iターンセンター・産業雇用安定センター（量は膨大）
	求人広告	新聞・雑誌・折り込み・掲示・インターネットホームページ（量も簡単／弁理）
	転職フェアー	新聞社・出版社　主催（電車広告・新聞・雑誌で広報，直接求人企業と面接）
	就職面接会	地方公共団体，経済団体　主催（直接求人企業と面談）

（NPO法人日本プロフェッショナル・キャリア・カウンセラー協会資料）

2．就職活動のノウハウ・テクニック

　応募したい企業が決まれば，いよいよ応募の具体的作業に入ります。エントリーシートの作成や履歴書などの応募書類を確認して作成します。一般的には，第１次が書類審査，第２次が面接試験となります。これらは，基本的に，自分を売り込むためのツールです。

　つまり，書類や面接でいかに自分を上手に適確に表現し伝達するかという，まさにコミュニケーションの技術が問われてきます。その際，もっとも大事なことは，第８章で述べたように，「常に，徹底して，相手の立場に立って表現・伝達する」ということです。これまで，学んできたコミュニケーション能力や自己表現力を総動員して取り組む必要があります。

　全体の構造は，図表38のとおりです。

図表38

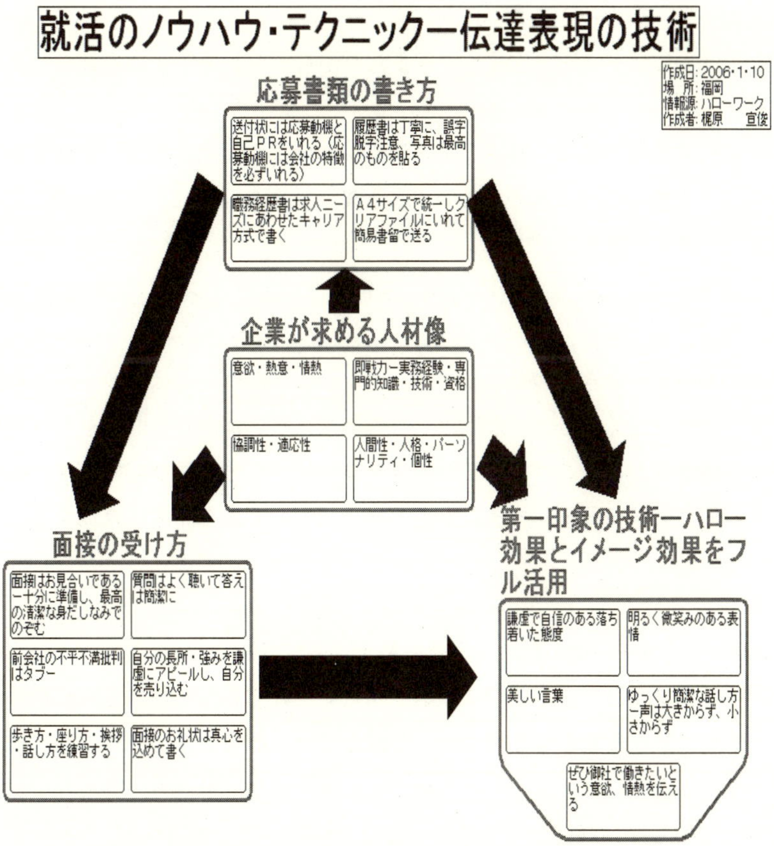

就活のノウハウ・テクニック―伝達表現の技術

作成日：2006・1・10
場　所：福岡
情報源：ハローワーク
作成者：梶原　宜俊

応募書類の書き方
- 送付状には応募動機と自己PRをいれる（応募欄には会社の特徴を必ずいれる）
- 履歴書は丁寧に，誤字脱字注意，写真は最高のものを貼る
- 職務経歴書は求人ニーズにあわせたキャリア方式で書く
- A4サイズで統一しクリアファイルにいれて簡易書留で送る

企業が求める人材像
- 意欲・熱意・情熱
- 即戦力・実務経験・専門的知識・技術・資格
- 協調性・適応性
- 人間性・人格・パーソナリティ・個性

面接の受け方
- 面接はお見合いである―十分に準備し、最高の清潔な身だしなみでのぞむ
- 質問はよく聴いて答えは簡潔に
- 前会社の不平不満批判はタブー
- 自分の長所・強みを謙虚にアピールし、自分を売り込む
- 歩き方・座り方・挨拶・話し方を練習する
- 面接のお礼状は真心を込めて書く

第一印象の技術―ハロー効果とイメージ効果をフル活用
- 謙虚で自信のある落ち着いた態度
- 明るく微笑みのある表情
- 美しい言葉
- ゆっくり簡潔な話し方―声は大きからず、小さからず
- ぜひ御社で働きたいという意欲、情熱を伝える

それでは，具体的に書類の書き方と面接の受け方についてポイントを述べます。

(1) 応募書類の書き方（エントリーシート，添え状，履歴書，自己PR文）

エントリーシートは，大学生向けの「履歴書の詳細版」です。したがって，基本的に履歴書の書き方とほぼ同じです。インターネットでさまざまな書き方が公開されていますが，あまり惑わされずに，以下のポイントをしっかり押さえて書きましょう。

① 相手の立場に立って，具体的にわかりやすく，簡潔に書く
② 「一貫性」を意識して書く
③ やる気・熱意を表現伝達する
④ 応募先企業の求める人材像を適確に把握して，それに相応しい点を書く
⑤ 自己PR・自分の強みを書く

次に，履歴書は，手書きの場合は一字一句丁寧に書きます。写真は，スピード写真でなく，写真屋さんで撮影し，一番いいものを貼ります。手書きの指定がなければ，パソコンで作成しておくと何度も使えるので便利です。

自己PR文は，これまで学び作成してきましたから，それをさらに推敲し，より簡潔にまとめます。

最後に，送付する場合には，必ず「添え状」をつけます。添え状は，応募先企業の担当者名を入れて，手紙のように真心をこめて書きます。そのなかに，応募動機と自己PR文を簡潔に要約して入れます。

以上を，透明のクリアファイルに入れて送付します。サイズは，履歴書を含め基本はA4サイズです。

以上が，応募書類の書き方の基本ですが，細かなことについては，多くの本や情報がありますので，参照してください。最近は，このテクニックばかりに関心をもつ人が多いようですが，大事なことは，これまで学んできたように，自分の学び方であり，生き方であり，大学4年間で実践・行動してきた事実・経験です。それを簡潔に表現することが大切です。

(2) 面接の受け方——第一印象，ハロー＆イメージ効果

面接は，第1印象がとても重要です。第1印象で，好感をもたれるとそれが最後まで持続します。逆に，悪い印象をもたれると，最後までマイナスのイメージをもたれます。第一印象をよくするためには，日ごろから身だしなみや姿勢，歩き方，話し方などをよりよくするために努力しなければなりません。また，面接は誰でも緊張し，「あがる」もので

す。緊張してもかまいませんが，きちんと，準備したことを話す必要があります。そのためには，「緊張する」訓練も必要でしょう。

まず，面接のための事前準備は以下のとおりです[1]。

・事前に確認すること

　ア　応募する会社等の情報の収集

　　　ハローワークの紹介の場合には，求人票の内容を再度確認，それ以外の場合には，インターネットによる企業ホームページでの情報収集，会社四季報等を活用して情報収集を行いましょう。

　イ　当日の面接時に質問される可能性のある情報の収集

　　　面接時に話題となりそうな情報（応募先企業等の業種や職種に関係あるもの）を新聞，TVニュースなどから収集しておきましょう。面接場所への交通機関，所要時間を調べること。面接に際しては，求人者の方に「面接の時間をいただいている」ということを念頭に置いて，当日，面接時間に間に合うように行くために，事前に面接場所への交通機関，所要時間を調べておきましょう。また，事前に調べていても事故などで遅れる場合もありますので，少し余裕をもって（30分から1時間）早めに面接場所に着くようにしましょう。なお，事故などにより，面接時間に遅れそうな場合には，電話などで必ず先方に連絡を入れましょう。

・イメージトレーニング

　　面接を上手に行い，面接担当者に好印象を与えるためには，当日の面接の流れを自分なりにイメージして，入室から面接そして退室までを何度か繰り返してみることが必要です。あとで，面接のロールプレイを行いますが，自宅で家族等に手伝ってもらって何度も練習しておくとよいでしょう。

・面接にあたっての質問

　　面接にあたっては，次の点に注意して答えましょう。

　①　難しい質問はよく考えて答える。

　　　難しい質問をされた場合には，少し間をおいてゆっくり考えて答えましょう。なお，面接担当者に「少し考えさせてください」と事前に了解をとることが必要です。

　②　質問内容が聞き取れなかった場合は，再度の質問をお願いする。

　　　質問が聞こえなかった場合には，「申し訳ありませんが，よく聞き取れませんでしたので，もう一度お願いします」と面接担当者に再度お願いしましょう。わからないまま回答することは，相手の質問の意図と違った回答を行う可能性があり，それが面接担当者に不快感を与えることになり，併せていい加減な人という印象を与

えることとなりかねません。
③ 質問の意味がわからない場合には，反復して確認する。
　　面接担当者の質問の意味がわからなかった場合には，質問内容を反復することにより，面接担当者に投げ返し，質問の意図を面接担当者に再考させることが必要な場合もあります。
④ 答えにくい質問にも嘘はつかない。
　　アルバイト職歴（離職理由等），学歴，職業能力等について質問された場合に，嘘をついたり，極端な誇張をし，それが後日発覚したときには，仕事上の協力関係や職場のなかでの人間関係に悪影響を与えることとなり，極端な場合には解雇の理由ともなり得るため正直に答えましょう。
⑤ 回答はつねに前向き・積極的な表現で行う。

なお，よくある質問は，以下のとおりです。

Q「簡単に自己PRをしてください」
　　自己PRについては，仕事に対する積極性，熱意が伝わるようなかたちで行いましょう。なお，アルバイト職務経歴や，ボランティア活動や町内活動，趣味関係の活動等のなかでの責任感，積極性，前向きの姿勢を示すことが大切です。
Q「あなたの長所・短所を話してください」
　　長所については，仕事のなかでいかに活かせるかということを盛り込みましょう。また，短所については，長所を引き立てるように答えましょう。
Q「あなたの趣味は何ですか」
　　趣味についても，仕事上活かせることがあれば，その内容を織り込んで説明します。たとえば，毎日のジョギングが趣味の場合に，根気，持続性があり，健康にも自信があることをアピールします。
Q「当社に応募した動機を話してください」
　　応募動機については，応募先の企業等の情報に基づき，自分がその企業でいかに貢献できるかを説明します。ただし，自分の能力を誇張することや熱意を表現しようとして，「自分が貴社に就職しましたら，貴社の全体の売上を10倍にします」などの誇大妄想的な言動に走らないように気をつけましょう。
Q「当社でどのような仕事をしたいですか」
　　自分の経験および収集した応募先の企業等の情報（企業等の方針，業務内容）に基づき，

求人内容に沿って希望の仕事を説明します。なお，求人内容に沿って希望の仕事を説明するほかに，応募先の企業等の方針がわかれば，それに沿った将来希望する仕事について説明することもやる気を見せる点では効果的でしょう。

Q「当社を知ったきっかけは何ですか」

その企業等の経営方針や技術，主力商品などを例に引き，肯定するように説明しましょう。たとえば，「以前から御社の商品を気に入っておりましたが，今回その従業員を募集されておりましたので，応募いたしました」など。

Q「入社はいつ頃になりますか」

自分の事情により，入社日を先送りするのではなく，応募先の事情に合わせるようにします。悪い例「自分は，来週から1週間程旅行に行く予定がありますので，入社はその後にしていただけないでしょうか」など。

参考のために，敬語・謙譲語を示しておきますので，日ごろから自然に話せるように練習しておきましょう。

言　葉	敬　語 （相手方に使用）	謙譲語 （本人使用）
企業・会社	御社・貴社	
意見	ご意見・ご高見	私の考え
会う	会われる	お目にかかる
する	される・なさいます	いたします
行く	行かれる	お伺いする
言う	おっしゃる	申します
聞く	お聞きくたさる・聞かれる	伺う・拝聴する
見る	見られる・ご覧になる	拝見させていただく
思う	思われる	思う
来る	来られる・いらっしゃる	参ります
いる	いらっしゃる	おる

・面接のロールプレイ

それでは，以上学んできたことを，実際にロールプレイで実践してみよう。講師が面接官を演じ，皆さんの前で数人の学生の面接を行います。皆さんもよく観察しておいてください。ロールプレイ終了後，講師から良い点・悪い点を本人にフィードバックします。

3．究極の最強就職術――就職必勝５訓と就職活動いろはカルタ

それでは，最後に「究極の最強就職術―就職必勝５訓」と「就職活動いろはかるた」を掲げておきます。これは，今まで述べてきたことや，筆者がこれまで多くの学生の就職支援で学んできたことを凝縮したものです。これを参考にして，後悔のないよう，全力で就職活動に集中していただきたいと思います。

〈就職必勝５訓〉
① 就職活動は，「一番力のある人」ではなく，「一番準備した人」が勝つ
② 就職で成功するか否かは，「情報量とやる気」で決まる
③ 同時に，多面的に，短期集中で活動することが，早期就職内定の秘訣
④ この授業で学んだことを確実に実行し，確固とした信念のもと一気呵成に行動せよ
⑤ やる気・熱意の強さで未来が決まる（骨身を惜しまず汗をかけ）

（NPO法人日本プロフェッショナル・キャリア・カウンセラー協会資料）

〈就職活動いろはかるた〉

い 石の上にも３年，就職しても３年
　　ここ10年来「七五三現象」が続いています。中卒の７割，高卒の５割，大卒の３割が就職後３年以内に退職しています。就職先を選ぶのに慎重になることも大切ですが，３年間は仕事に打ち込みましょう。仕事の面白みがわかるのに最短でも３年かかります。

ろ 労働は，苦しいものよ，適職探せ
　　お金を稼ぐということは，どんな仕事でも大変つらいものです。だからこそ，自分にあった適職をみつけることがきわめて大事なのです。

は 反省は，適度にして，再挑戦
　　就職は「超氷河期」といわれるように大変厳しい状況にあります。不合格になっても落ち込む暇はありません。すぐ次の応募に移りましょう。就職は結婚と同じく「相性」があります。

に 忍耐は，限度にきたら，転職だ
　　３年は忍耐しなくてはいけませんが，限度にきたと思ったら，転職を考えましょう。辞める前に，次の職を探しておくことが大切です。迷ったら，専門家に相談しましょう。

ほ 方針を，しっかり定めて，求人検索
　　自己キャリア分析・市場分析に基づき，職業目標を３つに絞り込んで，求人応募先を決めましょう。

|へ| 変化には，柔軟対応，ストレスなし

時代も社会も企業も常に変化しています。変化には，柔軟に対応し，受容し，前向きに考えて生きていきましょう。

|と| どうしていいかわからないときは，今・ここに全力集中

好き嫌いがはっきりしない，何をしていいかわからないときは，今・ここで与えられたこと，やるべきことに全力を集中しましょう。そうすれば，好き嫌いが明確になり，目標が明確になります。

|ち| 中途半端な専門，役立たず

好きなことはとことんやりましょう。徹底性と持続性がプロへの道です。

|り| 履歴書は，一字一句，ていねいに

字が上手でなくても，真心こめて，丁寧に書きましょう。手書き指定でない場合はパソコンを使うのも一手です。

|ぬ| ぬきさしならぬ，雇用の現実

現在，求人倍率は1倍前後，競争倍率は数十倍，失業率は5％前後，努力した人しか雇用はない。ピンチは実力育成のチャンスです。

|る| 類は友をよぶ，異質な交流大切に

似たもの同士が仲間になりがちですが，異質な人と付き合うと刺激や発見や成長や創造があります。

|を| 老いてもチャレンジ，キャリアを生かせ

生涯現役社会です。定年退職後も30年生きるためには，経験・キャリア・専門性が大事です。

|わ| 若いときは二度ない，いろいろチャレンジ

人生は二度なく，若いときも二度ありません。若いときにさまざまなことにチャレンジして多くの体験をしましょう。それが働くときに役立ちます。

|か| 管理職，専門的実務経験が，ものをいう

管理職はゼネラリストです。専門性を日ごろから身につけておきましょう。

|よ| よく考えよ，自己分析とキャリア分析

自分のことは自分が一番わかりません。自分史を書き，人の意見を聴いて，自己理解を深めましょう。誰にでも自分らしさ・個性・アイデンティティがあります。そこから，仕事を考えましょう。

|た| 立て板に水より，よく聴いて簡潔に

話や自己PRは暗記したことをスラスラ言えばいいのではありません。相手の話をよ

く聴いて，簡潔に話しましょう。

れ　練習を十分にして，本番のぞめ
　　何事も，日ごろの稽古・練習が大事です。面接も十分練習してから，のぞみましょう。
緊張しても話せることが大事です。

そ　相談にいけば，必ず道開ける
　　独りでいつまでも悩んでも道はひらけません。思い切って，他人に相談しましょう。
人の助けや協力を得る能力は社会人としての大切な基礎能力です。

つ　つねに規則正しく，礼儀正しく
　　礼義正しさは日本の美しい伝統文化です。日ごろから気をつけましょう。

ね　念には念を，応募書類最終チェック
な　何でもいいは，何もなし
ら　楽あれば苦あり，仕事と人生
む　無理な就職，長続きせず
う　ウソは書かず言わず，上手に表現
い　いろいろ受ければ，縁がある
の　のんきにかまえるな，スピードが勝負
お　応募動機は会社の特徴，忘れずに
く　偶然と出会い，フル活用
や　やみくもに受験しても，疲れるだけ
ま　マッチングの秘訣は，自己分析と市場分析
け　経験なければ，やる気が勝負
ふ　フリーター，3年以内が限度だよ
こ　声は大きすぎず，小さすぎず
え　縁と相性，就職にもあり
て　適職・天職，だれにもあるよ，まず行動
あ　相手の立場にたった，職務経歴自己PR
さ　さわらぬパソコンに　たたりあり
き　キャリアの読み替えで，新職種
ゆ　油断大敵，一社一社に全力集中
め　面接は最初の3分，ハロー効果
み　ミスマッチ，自分と市場とテクニック
し　人生は長距離，就職は短距離

え　笑顔が　あなたの最大魅力
ひ　人は自分が　考えたとおりの人間になる
も　餅は餅屋，就職はキャリア専門家
せ　生活の，リズム崩さず，就職活動
す　好きなこと，十年やればプロになる
ん　運は努力がつれてくる

注
1）ハローワークには，就職に役立つ無料のパンフレットや情報がたくさんあります。おおいに活用しましょう。

第14章

まとめ講義

1．3C 教育（学習）の時代

いよいよ，最後の講義となりました。これまで「学び方・生き方・働き方」について，さまざまな角度から学んできました。まとめの講義は，イギリスの教育改革の3本柱についてです。民主主義発祥の地であるイギリスは3C教育（キャリア・カルチャー・シティズンシップ）を教育改革の理念に掲げています（図表39参照）。これは，このテキストの柱にもなっています。「キャリア教育（学習）であるキャリアデザイン」は，単なる就職支援の授業ではありません。「学び方・生き方・働き方」を統合する授業であり，「生涯キャリア形成」をめざすものであり，「社会人基礎力」をはじめ，「創造的問題解決能力」や「自立・自律力」を育成する科目です。つまり，「キャリア教育」は，「カルチャー（教養）教育」でもあり「シティズンシップ教育」でもあると筆者は考えています[1]。図解にもあるように，これらを通じて，「自尊意識や自律」を育て，「公共性と民主主義」を育て「自律と社会参画」を育てる科目です。この授業を通じて，各自がさらに深く，幅広く学び続

図表39

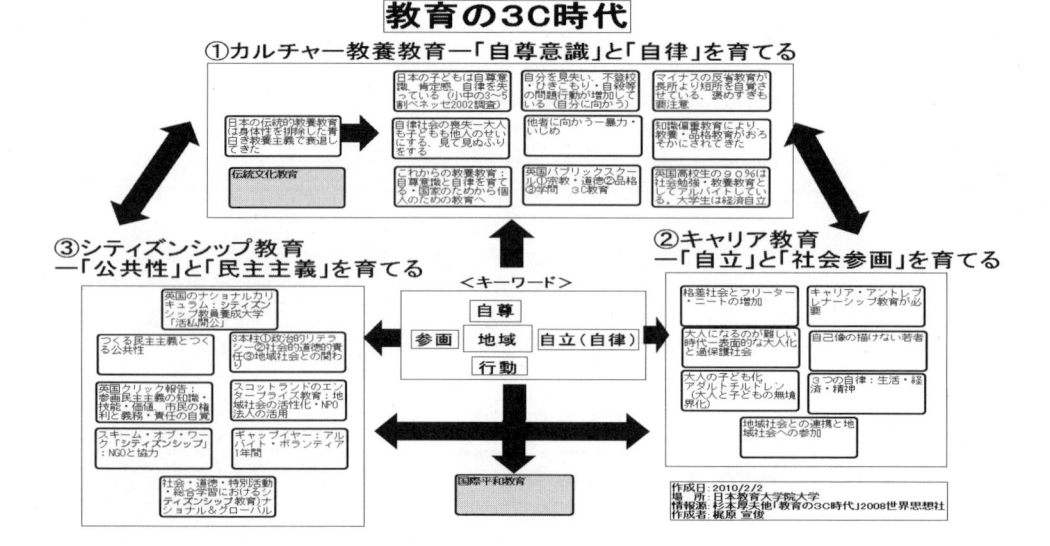

教育の3C時代

ける生涯学習の契機になり，一度しかない人生を精一杯生きていく契機になれば幸いです。

2．独立起業の心構えと準備——NPO・コミュニティビジネス・社会起業家

　最後にもうひとつ補足しておきたいことは，企業や団体に就職することだけが，進路ではありません。自分に相応しい就職先がない場合は，自ら独立起業するという道もあります。現在，日本でもNPO・コミュニティビジネス・社会起業家等が注目を集めています。なぜなら，既存の行政や大企業では解決できない問題が山積しているからです。経済的には，多少のリスクを覚悟しなければなりませんが，若者だからできることがたくさんあるはずです。大企業をはじめ，日本経済がピンチにある現代だからこそ，NPO・コミュニティビジネス・社会起業家等の出現が期待されているといえましょう。P・F・ドラッカーは『ネクスト・ソサエティ』（ダイヤモンド社，2002）のなかで，「NPOによる都市コミュニティの創造が世界を変える」と主張しています（図表40参照）。

　やる気のある人は，学生時代から独立起業をめざしてほしいと思いますが，自信がない人は，まず3年以上就職してから独立起業をめざすという道もあります。どこの地域にも，活発なNPO・コミュニティビジネス・社会起業家が存在していますから，学生時代から活動されることをお勧めします[2]。

図表40

ネクスト・ソサエティ

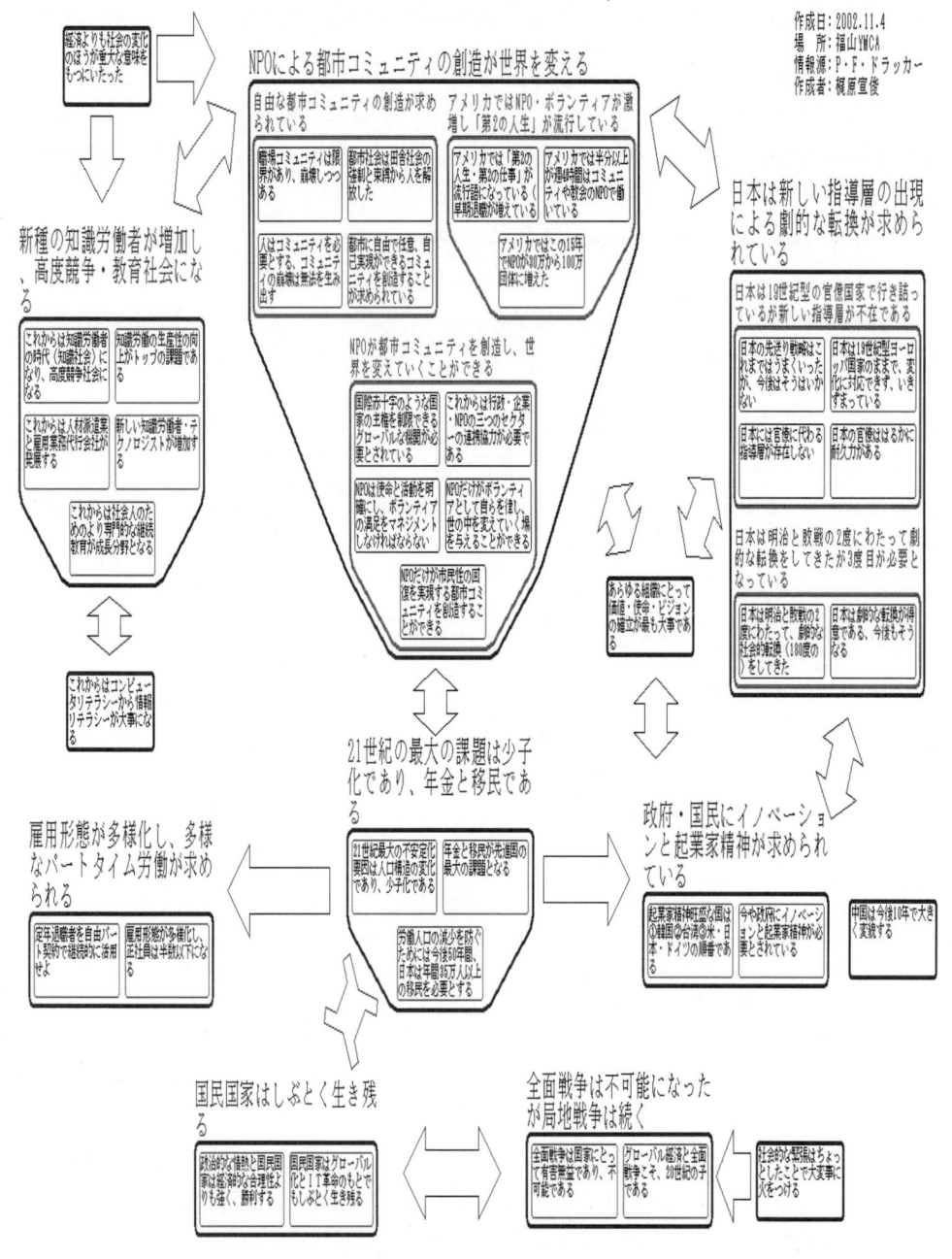

作成日：2002.11.4
場　所：福山YMCA
情報源：P・F・ドラッカー
作成者：梶原宣俊

NPOによる都市コミュニティの創造が世界を変える

経済よりも社会の変化のほうが重大な意味をもつにいたった

自由な都市コミュニティの創造が求められている

- 職場コミュニティは限界があり、崩壊しつつある
- 都市社会は田舎社会の強制と束縛から人を解放した
- 人はコミュニティを必要とする、コミュニティの喪失は無法を生み出す

アメリカではNPO・ボランティアが激増し「第2の人生」が流行している

- アメリカでは「第2の人生・第2の仕事」が流行語になっている（早期退職者が増えている）
- アメリカでは半分以上の週休時間はコミュニティや教会のNPOで働いている
- アメリカではこの15年でNPOが80万から100万団体に増えた

新種の知識労働者が増加し、高度競争・教育社会になる

- これからは知識労働者の時代（知識社会）になり、高度競争社会になる
- 知識労働の生産性の向上がトップの課題である
- これからは人材派遣業と雇用事務代行会社が発展する
- 新しい知識労働者・テクノロジストが増加する
- これからは社会人のためのより専門的な継続教育が成長分野となる

これからはコンピュータリテラシーから情報リテラシーが大事になる

NPOが都市コミュニティを創造し、世界を変えていくことができる

- 国際赤十字のような国家の主権を制限できるグローバルな価値観が必要とされている
- これからは行政・企業・NPOの三つのセクターの連携協力が必要である
- NPOは使命と活動を明確にし、ボランティアの満足をマネジメントしなければならない
- NPOだけがボランティアとして自らを律し、世の中を変えていく場を与えることができる
- NPOだけが市民性の回復を実現する都市コミュニティを創造することができる

あらゆる組織にとって価値・使命・ビジョンの確立が最も大事である

日本は新しい指導層の出現による劇的な転換が求められている

日本は19世紀型の官僚国家で行き詰っているが新しい指導層が不在である

- 日本の先送り戦略はこれまではうまくいったが、今後はそうはいかない
- 日本は19世紀型ヨーロッパ国家のままで、変化に対応できず、いきずまっている
- 日本には官僚に代わる指導層が存在しない
- 日本の官僚ははるかに耐久力がある

日本は明治と敗戦の2度にわたって劇的な転換をしてきたが3度目が必要となっている

- 日本は明治と敗戦の2度にわたって、劇的な社会的転換（180度の）をしてきた
- 日本は劇的な転換が得意である、今後もそうなる

21世紀の最大の課題は少子化であり、年金と移民である

- 21世紀最大の不安定化要因は人口構造の変化であり、少子化である
- 年金と移民が先進国の最大の課題となる
- 労働人口の減少を防ぐためには今後50年間、日本は年間65万人以上の移民を必要とする

政府・国民にイノベーションと起業家精神が求められている

- 起業家精神が最も盛んな国は①韓国②台湾③米・日本・ドイツの順番である
- 今や政府にイノベーションと起業家精神が求められているとされている
- 中国は今後10年で大きく変貌する

雇用形態が多様化し、多様なパートタイム労働が求められる

- 定年退職者を自由パート契約で継続的に活用せよ
- 雇用形態が多様化し、正社員は半数以下になる

国民国家はしぶとく生き残る

- 政治的な情熱と国民国家は経済的な合理性よりも強く、勝利する
- 国民国家はグローバル化とIT革命のもとでもしぶとく生き残る

全面戦争は不可能になったが局地戦争は続く

- 全面戦争は国家にとって有害無益であり、不可能である
- グローバル経済と全面戦争こそ、20世紀の子である

社会的な緊張はちょっとしたことで大変事に火をつける

3．学びのプロセス（授業感想）図解の作成

　これから，皆さんが毎回書いてくれたカードを返却しますので，そのカードをじっくり読み返し，何を学び体得してきたかを整理，図解してください。

　図解の仕方は，これまでと同様，共通性でグループ分けし，見出し・表札をつけ図解にします。これまでの「学びのプロセス」を振り返り，何を学んだかが明確になるはずです。図解が完成したら，文章化してみましょう。A4，1枚1000字前後でまとめてください。最後の授業で，全員に発表してもらいます（図表41，授業感想図解見本参照）。

注
1）杉本（2008）は，イギリスの3C教育（キャリア・カルチャー・シティズンシップ）を紹介しながら「自尊意識・自律（自立）・社会参画・公共性・民主主義」を育てることつまり「社会で生きる力」の育成がこれからの教育で重要であると主張しています（杉本厚夫・高乗秀明・水山光春『教育の3C時代—イギリスに学ぶ教養・キャリア・シティズンシップ教育』世界思想社，2008）。
2）参考文献としては以下のものがあります。
・山岡義典『NPO基礎講座』ぎょうせい，2005
・園利宗編著『現場からのコミュニティビジネス入門』連合出版，2004
・斉藤槙『社会起業家』岩波書店，2004
・後藤和子・福原義春編『市民活動論』有斐閣，2005

図表41

授業感想図解

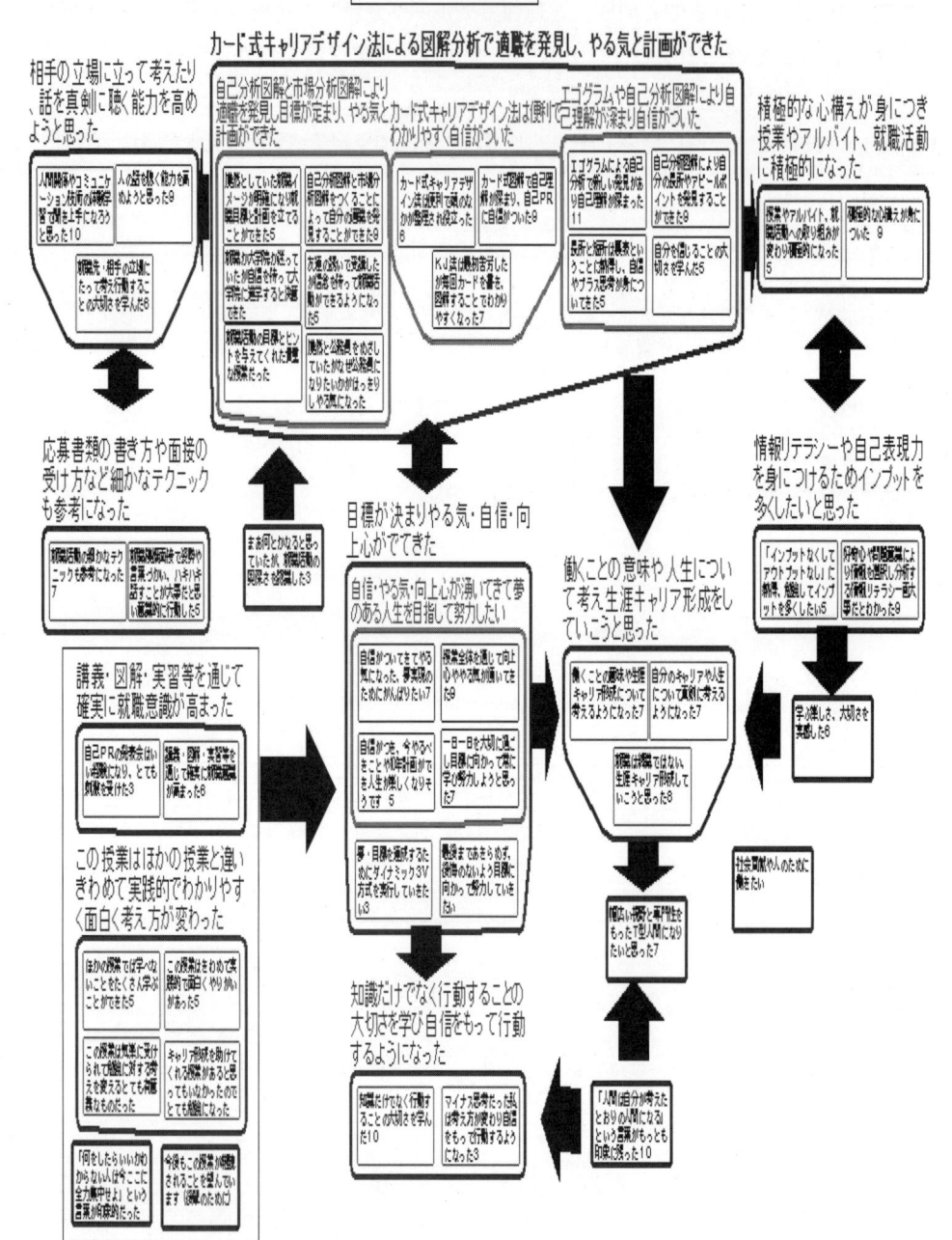

カード式キャリアデザイン法による図解分析で適職を発見し、やる気と計画ができた

- 相手の立場に立って考えたり、話を真剣に聴く能力を高めようと思った
- 自己分析図解と市場分析図解により適職を発見し目標が定まり、やる気とカード式キャリアデザイン法は便利でわかりやすく自信がついた
- エゴグラムや自己分析図解により自己理解が深まり自信がついた
- 積極的な心構えが身につき授業やアルバイト、就職活動に積極的になった
- 応募書類の書き方や面接の受け方など細かなテクニックも参考になった
- 目標が決まりやる気・自信・向上心がでてきた
- 働くことの意味や人生について考え生涯キャリア形成をしていこうと思った
- 情報リテラシーや自己表現力を身につけるためインプットを多くしたいと思った
- 講義・図解・実習等を通じて確実に就職意識が高まった
- 自信・やる気・向上心が湧いてきて夢のある人生を目指して努力したい
- この授業はほかの授業と違いきわめて実践的でわかりやすく面白く考え方が変わった
- 知識だけでなく行動することの大切さを学び自信をもって行動するようになった

第15章 口頭発表とレポート

　それでは，これから1人ずつ前に出て発表します。これまで学んできた成果を，挨拶・マナー・話し方・発声に留意しながら発表してください。時間は1人3分間です。発表が終わりましたら，以下の4点を提出してください。成績評価は，出席平常点を含めて総合的に判断します。

〈最終提出物〉
　①自己PR文
　②適職・天職探索シート
　③キャリア開発・就職活動計画表
　④授業感想図解・レポート

> 【チェックポイント】
> 　人数が少なければ，1人ずつコメントします。

　本書の15章を通じて，「キャリアデザイン」を学び，考え，実践してきましたが，これからが，また学びと実践行動の始まりです。大学4年間，悔いのないようがんばってほしいと思います。就職直前になりましたら，改めてこのテキストを見直してください。また，就職後転職したいと思ったときも見直してください。きっと役に立つと思います。それでは，皆さんのご活躍を心からお祈りします。

おわりに

　このテキストは，鹿児島大学法文学部でのテキスト『キャリアアップ』（2007）および日本教育大学院大学「社会人基礎力とキャリア教育」テキスト『カード式キャリアデザイン法による図解・キャリアデザイン』（2010）を改訂したものである。特に，今回は，法政大学大学院・経営学研究科キャリアデザイン学専攻で学び，修士論文「大学における〈キャリア教育科目〉の固有の役割についての研究—3大学の事例を通して」の研究成果を生かして，大幅な加筆修正を行った。法政大学では，指導教官である児美川孝一郎教授にお世話になり，事例研究では小樽商科大学の江頭進教授，広島大学キャリアセンター長であった田中秀利教授（現安田女子大学キャリアセンター長），関西大学社会学部川崎友嗣教授にお世話になった。日本教育大学院大学では，花田修一（学校教育研究科長），河上亮一，林義樹，大野精一教授に貴重なご助言と励ましをいただいた。また，鹿児島大学法文学部，日本教育大学院大学で授業に熱心に参加していただいた学生の皆さんに教えられることも多く，感謝している。

　「はじめに」でも述べたように，筆者は企業内教育15年，専門学校教育18年，大学キャリア教育7年を通じて，一貫して「個人の自立したキャリア形成」支援を行ってきた。今後も，ライフワークとして研鑽をすすめ，「予測不可能な，変化の激しい社会のなかに生まれた若者の発達を援助したい」（渡辺三枝子，2007）という"志と情熱"をもち続けたいと願っている。

2011年4月30日

梶原　宣俊

索 引

あ

アイデンティティ　73
アウトプット　42
アルバイト　34
暗黙知　44
生きる力　6
移動大学　86
イノベーション・技術革新化　79
インターンシップ　34
インプット　42
NPO　87, 113
エリック・バーン　60
エンプロイアビリティ　6
王陽明　35
オリヴィエ・ルーブル　18

か

学士力　6
感覚記憶　43
企業内教育　80
企業内組合　80
キー・コンピテンシー　6
基礎的・汎用的能力　8
帰納法　34
基本的人権の尊重　90
キャリア・リテラシー　27
計画的偶発性理論　100
経験（体験）主義　34
形式知　44
公共性　112
行動力　24
国際化（グローバル化）　78
国民主権　90
個性化・多様化　79
コミュニケーション能力　83
コミュニティビジネス　113

さ

自己開示　60

自己管理　20
自己キャリア分析　73
自己教育（学習）力　19
自己像　98
自己理解　20
自尊意識　112
実学の思想　33
シティズンシップ　87
シティズン・リテラシー　87
社会起業家　113
社会参画　112
社会人基礎力　5
ジャパニーズ・マネージメント（日本的経営）　80
就業力　8
就職基礎能力　6
終身雇用　80
集中力　24
朱子学　35
主体性　83
生涯学行　24
生涯学習力・障害キャリア形成能力　9
消極的な心構え　97
情報活用力（情報リテラシー）　6
ジョハリの窓　59
ジョン・D・クランボルツ　100
自律　112
自立（自律）力　6
図解思考法　9
ストローク　60
3C効果　112
積極的な心構え　97
セルフプレッシャーマソッド　24
総合的学習力　9
創造の問題発見・解決力　6
想像力　24

た

ダイナミック3V方式　97
短期記憶　43

団結権　89
団体交渉権　89
団体行動権　89
地域再生　86
地域の活性化　86
知行合一　17
長期記憶　43
TA（交流分析）　73
デール・カーネギー　67
適職・天職　93
独立起業　113
読解図解法　19

な

日本語リテラシー　9
人間力・シティズンシップ　6
年功序列　80

は

ハロー効果　110
ハローワーク　105
PISA型読解力　45
PDCAサイクル　31
腹式呼吸法　40
プラグマティズム　35
プラス思考　5

ブレーンストーミング法　30
平和主義　90
崩際化・無境界化　79
ホウ・レン・ソウ　32
ボブ・コンクリン　97
ボランティア活動　34, 87

ま

まちづくり・地域活性化　87
学びのプロセス　22
ミスマッチ　84
民主主義　112
問題意識　43

や

陽明学　35
要約力　47

ら

ラーニングツリー　22
立腰　40
労働関係調整法　89
労働基準法　89
労働組合法　89
労働三法と労働三権　89
ロールプレイ　107

【著者】　梶原　宣俊（かじわら　のぶとし）
　　　　1946年福岡県生まれ，熊本大学法文学部哲学科倫理B（社会学）専攻卒，2010年法政大学大学院　修士（経営学研究科キャリアデザイン学専攻）
　　　　広島移動大学プロジェクトリーダー・広島YMCA研修センター所長，国際ビジネス専門学校校長，福山YMCA館長，日本教育大学院大学常務理事・事務局長を経て，現在，学校法人永原学園西九州大学参事，鹿児島大学法文学部「キャリアアップ」非常勤講師

【資格】NPO法人日本プロフェッショナル・キャリア・カウンセラー協会認定プロフェッショナルキャリアカウンセラー・キャリアコンサルタント，認定エグゼクティブコーチ
　　　　喜多流謡教士

【所属学会】日本キャリアデザイン学会・日本キャリア教育学会・日本創造学会・大学行政管理学会・地域活性学会・日本産業カウンセリング学会

【著書】①『情報喫茶アスキスからの発想―高度情報社会を生き抜く法』1986年，IN通信社
　　　　②『専門学校教育論―理論と方法』1993年，学文社
　　　　③『現代高等教育論』（共著）1994年，㈶広島地域社会研究センター
　　　　④『私のおすすめパソコンソフト』「Ⅳ　知的生産のツール―イソップ超発想法」（共著）2002年，岩波書店
　　　　⑤『選ばれし者の悲哀とリリシズム―太宰治の思想』2003年，文芸社
　　　　⑥『吉本隆明論―戦争体験の思想』2004年，新風舎
　　　　⑦『団塊世代の戦争論』2008年，叢書見る
　　　　⑧『教員免許更新講習テキスト―教育現場のための理論と方法』「学校におけるキャリア教育」（共著）2009年，昭和堂
　　　　⑨テキスト『カード式キャリアデザイン法による図解・キャリアデザイン』（自費出版）2010年，エデュプレス社
　　　　⑩花田修一監修『伝統的な言語文化の学習指導事例集』全4巻「第3節　伝統的な言語文化の継承と学校教育への期待」（共著）2011年，明治図書
　　　　⑪『伝統文化教育論―日本の語り音楽の魅力』（自費出版）2011年，エデュプレス社

【連絡先】〒840－0806　佐賀市神園3丁目18－15
　　　　西九州大学企画室
　　　　0952－37－9617
　　　　携帯電話080－1929－6017
　　メール：kajiwarano@nisikyu-u.ac.jp　　梶原　宣俊

　　＊このテキストで使用する「カード」（ミシン目入りノリツキラベル）をご希望の方はご連絡ください。

カード式 図解キャリアデザイン

2011年8月22日　第1版第1刷発行

著者　梶原　宣俊

発行者　田中千津子　〒153-0064　東京都目黒区下目黒3-6-1
電　話　03（3715）1501（代）
ＦＡＸ　03（3715）2012

発行所　株式会社　学文社　http://www.gakubunsha.com

© KAJIWARA Nobutoshi 2011
乱丁・落丁の場合は本社でお取替えします
定価はカバー，売上カードに表示

印刷所　亜細亜印刷

ISBN 978-4-7620-2177-0